新しく見つかった
クリスタル&癒しの石

ジュディ・ホール 著
藤本 知代子 訳

NEW CRYSTALS and healing stones

目次

クリスタル索引 ……………………………………………………6

アイシクル・カルサイトからヴェラ・クルス・アメジストまで

序文 ……………………………………………………………………8

クリスタルの使い方／クリスタル・ヒーリング

新しく見つかったクリスタル百科 ……………………………16

新しいクォーツとクォーツ・コンビネーション ……………18

ホワイト・スピリット・クォーツ／シトリン・スピリット・クォーツ／アメジスト・スピリット・クォーツ／スモーキー・スピリット・クォーツ／フレーム・オーラ・スピリット・クォーツ／フェアリー・クォーツ／オレンジ・ドルージー・クォーツ／ブッシュマン・レッド・カスケード・クォーツ／フェンスター・クォーツ／シュガー・ブレード・クォーツ／スター・ホランダイト入りクォーツ／スターシード・クォーツ／シフト・クリスタル／ファーデン・クォーツ／アップル・オーラ・クォーツ／タンジン・オーラ・クォーツ／グリーン・シベリアン・クォーツ／ゴールド・シベリアン・クォーツ／パープル・シベリアン・クォーツ／ブルー・シベリアン・クォーツ／アクティノライト・クォーツ／チャイニーズ・クロム・クォーツ／オーロ・ヴェルデ・クォーツ／ピンク・クラックル・クォーツ／シチュアン・クォーツ／アメジスト・ハーキマー／〈シトリン〉・ハーキマー／スモーキー・ハーキマー／ゴールデン・エンハイドロ・ハーキマー／ブルー・クォーツ（天然）／ラヴェンダー・クォーツ／スモーキー・ローズ・クォーツ／スモーキー・シリトン／スモーキー・アメジスト／ストロベリー・クォーツ／ヴェラ・クルス・アメジスト／ブランデンバーグ・アメジスト／エレスチャル・クォーツ／アメジスト・エレスチャル／スモーキー・エレスチャル／キャンドル・クォーツ／ファントム・クォーツ／デジライト／レッド・ファントム・クォーツ／オレンジ・ファントム・クォーツ／リヴァースド・オレンジ・ファントム・クォーツ／イエロー・ファントム・クォーツ／スモーキー・ファントム・クォーツ／ブルー・ファントム・クォーツ／ブラック・ファントム・クォーツ／アメジスト・ファントム・クォーツ／ピンク・ファントム・クォーツ／グリーン・ファントム・クォーツ／インディコライト・クォーツ／クォーツまたはアメジストに含まれるレピドクロサイト／ヘマタイト入りクォーツ／雲母を伴うクォーツ／スファレライトに付着するクォーツ／アホイト／クォーツに含まれるモリブデナイト／クォーツに含まれるエピドート

新しいジャスパー ……………………………………………………74

オーシャン・オービキュラー・ジャスパー（アトランティス時代の石）／
レパードスキン・ジャスパー（ジャガー・ストーン）／レインフォレスト・ジャスパー

新しいアゲート …………………………………………………………78

ツリー・アゲート／ボツワナ・アゲートとグレイバンデッド・アゲート

新しいカルサイト ……………………………………………………80

ヘマトイド・カルサイト／コバルト・カルサイト（輝コバルト鉱）／アイシクル・カルサイト／ヒューランダイト

新しいセレナイト……84
ピーチ・セレナイト／セレナイト・ファントム

新しいカイアナイト……86
ブラック・カイアナイト／クリスタライン・カイアナイト

新しいオパール……88
オレゴン・オパール／ジラソール（ブルー・オパール）／アンデス・ブルー・オパール／レインボー・ムーンストーン

新しいメタリック・ストーン……92
ボーナイト／銀に付着するボーナイト／スペキュラー・ヘマタイト／コニカルサイト／ライモナイト／ルチル／ブロンザイト／カルコパイライト／モリブデナイト／スティブナイト

その他の新しいクリスタルと癒しの石……102
セプタリアン／ヌーマイト／ノヴァキュライト／ダトライト／アダマイト／アグレライト／バライト／クリーヴランダイト／アンブリゴナイト／メナライト／パミス／アナバーガイド／ウェーヴェライト／アクティノライト／アストロフィライト／ユーディアライト／エピドート／シヴァ・リンガム／セレストバライト／パイロフィライト／ゲーサイト／バスタマイト／エジリン／レピドクロサイト／カコクセナイト／クリーダイト／ウラノフェン／ハライト／ヴィヴィアナイト／レパードスキン・サーペンティン／ガイア・ストーン／キャシテライト／カヴァンサイト／デュモルティエライト／コウヴェライト／ブルー・アラゴナイト／タンザナイト／スカポライト／ヤンガイト／アヴァロナイト（ドルージー・ブルー・カルセドニー）／ラズライト／パープライト／スティヒタイト／アトランタサイト／ヘミモルファイト／ダルメシアン・ストーン／クリソタイル（クリソタイト、クリソライト）／アンモライト／アレキサンドライト／ジルコン／ダイオプサイド／マーカサイト

コンビネーション・ストーン……160
エイラット・ストーン／スギライトを伴うバスタマイト／シャッタカイトえお伴うアホイト／フェナサイトを伴うレッド・フェルドスパー／ヘマタイトを伴うルチル／スーパー・セブン（メロディー・ストーン）

用語解説……168

索引……172

注意

本書の内容は医学的治療の代わりや診断に用いることを目的としたものではありません。クリスタルには強い力があり誤用や乱用を招くことがあります。使い方に疑問があるときは、クリスタル・ヒーリングに関する資格を持った専門家に相談してください。

クリスタル索引

アイシクル・カルサイト	82
アクティノライト	116
アクティノライト・クォーツ	36
アグレライト	108
アストロフィライト	117
アダマイト	107
アップル・オーラ・クォーツ	32
アトランタサイト	149
アナバーガイト	114
アホイト	71
アホイト／シャッカタイトを伴う	163
アメジスト・エレスチャル	53
アメジスト・スピリット・クォーツ	20
アメジスト・ハーキマー	40
アメジスト・ファントム・クォーツ	63
アレキサンドライト	156
アンデス・ブルー・オパール	90
アンブリゴナイト	111
アンモライト	154
アヴァロナイト	145
イエロー・ジルコン	157
イエロー・ファントム・クォーツ	60
インディコライト・クォーツ	66
ウェーヴェライト	115
ウラノフェン	129
エイラット・ストーン	160
エジリン	125
エピドート	119
エピドート／クォーツに含まれる	73
エレスチャル・クォーツ	52
オーシャン・オービキュラー・ジャスパー	74
オーロ・ヴェルデ・クォーツ	37
オレゴン・オパール	88
オレンジ・ジルコン	157
オレンジ・ドルージー・クォーツ	24
オレンジ・ファントム・クォーツ	59
カコクセナイト	127
カルコパイライト	99
カヴァンサイト	137
ガイア・ストーン	135
キャシテライト	136
キャンドル・クォーツ	55
クォーツ／スファレライトに付着	70
クォーツ／雲母を伴う	69
クリーダイト	128
クリーヴランダイト	110
クリスタライン・カイアナイト	87
クリソタイル	153
グリーン・シベリアン・クォーツ	34
グリーン・ジルコン	157
グリーン・ファントム・クォーツ	65
グレイ・バンデッド・アゲート	79
ゲーサイト	123
コウヴェライト	140
コニカルサイト	95
コバルト・カルサイト	81
ゴールデン・エンハイドロ・ハーキマー	43
ゴールド・シベリアン・クォーツ	34
シチュアン・クォーツ	39
シトリン・スピリット・クォーツ	19
〈シトリン〉・ハーキマー	41
シフト・クリスタル	30
シュガー・ブレード・クォーツ	27
シヴァ・リンガム	120
ジラソール	89
ジルコン	157
スーパー・セブン	166
スカポライト	143
スター・ホランダイト入りクォーツ	28
スターシード・クォーツ	29
スティヒタイト	148
スティブナイト	101
ストロベリー・クォーツ	49
スペキュラー・ヘマタイト	94
スモーキー・アメジスト	48
スモーキー・エレスチャル	54
スモーキー・シトリン	47
スモーキー・スピリット・クォーツ	21

スモーキー・ハーキマー 42
スモーキー・ファントム・クォーツ 60
スモーキー・ローズ・クォーツ 46
セプタリアン 102
セレストバライト 121
セレナイト・ファントム 85
タンザナイト 142
タンジン・オーラ・クォーツ 33
ダイオプサイド 158
ダトライト 106
ダルメシアン・ストーン 152
チャイニーズ・クロム・クォーツ 36
ツリー・アゲート 78
デジライト 57
デュモルティエライト 138
ヌーマイト 104
ノヴァキュライト 105
ハライト 130
バスタマイト 124
バスタマイト／スギライトを伴う 162
バライト 109
パープライト 147
パープル・シベリアン・クォーツ 35
パイロフィライト 122
パミス 113
ヒューランダイト 83
ピーチ・セレナイト 84
ピンク・クラックル・クォーツ 38
ピンク・ハライト 130
ピンク・ファントム・クォーツ 64
ファーデン・クォーツ 31
ファントム・クォーツ 56
フェアリー・クォーツ 23
フェンスター・クォーツ 26
フレーム・オーラ・スピリット・クォーツ 22
ブッシュマン・レッド・カスケード・クォーツ 25
ブラウン・ジルコン 157
ブラック・アクティノライト 116
ブラック・カイアナイト 86
ブラック・ファントム・クォーツ 62
ブランデンバーグ・アメジスト 51
ブルー・アラゴナイト 141
ブルー・クォーツ 44
ブルー・シベリアン・クォーツ 35
ブルー・ハライト 130
ブルー・ファントム・クォーツ 61
ブロンザイト 98
ヘマタイト入りクォーツ 68
ヘマトイド・カルサイト 80
ヘミモルファイト 150
ホワイト・スピリット・クォーツ 18
ボーナイト 92
ボーナイト／銀に付着 93
ボツワナ・アゲート 79
マーカサイト 159
メナライト 112
モリブデナイト 100
モリブデナイト／クォーツに含まれる 72
ヤンガイト 144
ユーディアライト 118
ライモナイト 96
ラズライト 146
ラヴェンダー・クォーツ 45
リヴァースド・オレンジ・ファントム・クォーツ 59
ルチル 97
ルチル／ヘマタイトを伴う 165
レインフォレスト・ジャスパー 77
レインボー・ムーンストーン 91
レッド・ジルコン 157
レッド・ファントム・クォーツ 58
レッド・フェルドスパー／フェナサイトを伴う 164
レパードスキン・サーペンティン 134
レパードスキン・ジャスパー 76
レピドクロサイト 126
レピドクロサイト／クォーツ、アメジストに含まれる 67
ヴィヴィアナイト 132
ヴェラ・クルス・アメジスト 50

序文

私のはじめてのクリスタルの本が出版されてから後､新しい石が多く市場に登場しました。供給地が開拓されたことで、かつてはレアであったクリスタルが手に入るようにもなりました。また、数種のクリスタルについては新たな特性を発見しました。鉱山所有者は石を破砕機にかける前に注意深く確認します。既存の鉱山の下層からはかつては見られなかったようなユニークなコンビネーションが出ています。自己修復、または再成長したクリスタルの中にはずば抜けて強い力を持つものがあり、人気も高まっています。新しいレアな石はクリスタル店やオンラインショップで見つけることができますし、なかには最高の品質のものを手頃な値段で提供する鉱石を扱う業者や直営店もあります。

本書ではこれらの新しい石の特性、色、形状を紹介します。非常に高次の波動を持つ石が多く、それらはクリスタルを使う人々の間で、多次元の癒しをもたらし地球と地球上にあるすべての存在の波動を高める石として名を知られるようになってきました。

〈クリスタル〉という言葉は宝石の原石だけを指すのではなく、クリスタル・ヒーラーによって、癒し、つまりヒーリングの効果を持つすべての石や金属を指すようになりました。ヒーリング（癒し）という言葉はクリスタルの効能を示すために使われますが、決してクリスタルが病状を治すことを意味しているわけではありません。

クリスタルは顕著にはなっていない不調和、情緒不安定に働きかけ、体や心、感情、そして精神の調和を回復し、内臓の働きを助けます。つまり、ホリスティックな癒しを与え、さらなる活力と幸福をもたらしてくれるのです。

パイロフィライト

セプタリアン・エッグ

クリスタルの使い方

クリスタルが最大の力を発揮するのは、浄化され、あなたの固有の波動と調和した時です。クリスタルを購入したらすぐに浄化と調整を行い、その後は使用するごとに洗浄します。クリスタルを身につける場合、とくにヒーリングに使う場合は、毎日洗浄しましょう。

繊細なクリスタル以外は流水ですすいで浄化します。

クリスタルの浄化

タンブル状の石は、流水で数分すすいでから、日光のあたるところか明るい光の下に数時間置き、エネルギーを回復させます。繊細な石や小面体の石、層になっている石は玄米で一晩おおい、その後日光のあたるところに置いてエネルギーを回復させるか、大きなクォーツ・クラスターやカーネリアンの上に置きます。白いクリスタルの多くは満月の光と相性がよいです。特製のクリスタル・クレンザーはクリスタルにスプレーするとすぐにエネルギーを浄化し変化させます。

クリスタルの活性化

活性化することで、クリスタルは効力を出しはじめ、あなたの固有のエネルギーや、クリスタルが向かおうとしている人のエネルギーに調和します（クリスタルをほかの人のために調整することはできますが、使う人がみずから活性化したほうがより効果があります）。

クリスタルを活性化するには、まずクリスタルを握って目を閉じます。クリスタルに集中し、手の中の石が明るい白い光で包まれているところを想像します。クリスタルが宇宙で最も高次のエネルギーを授けられ、あなたのセルフヒー

活性化には、クリスタルを手で握り、集中します。

リングとあなたをとりかこむ環境に対して、現在そして未来のどんな時でも助けとなってくれるよう願います。
　クリスタルの活性化は、豊かさや愛を受ける、ヒーリングを送るといった特別な目的のプログラミングを行なうときにも使えます。

クリスタルの保管方法

　タンブル・ストーンは傷がつきにくいため、布袋に入れてまとめて保管することができます。カーネリアンを一緒に入れれば、浄化とエネルギー回復ができます。タンブル以外のクリスタルは別々に包んで保管します。並べてディスプレイしてもかまいませんが、強い太陽の光があたると色があせることがあるので注意してください。
　クリスタルを身につける場合はらせん状の銀を用いるのがおすすめです。他にもポケットに入れたり机の上やベッド脇に置くのもよいでしょう。ただし、身につける場合も置いておく場合もクリスタルはネガティヴなエネルギーを吸収するので、必ず定期的に浄化しましょう。

クリスタルの使い方

　クリスタルはただ飾っておくだけでも、周囲に微細な波動を送り、エネルギーを再生します。内臓の働きを助け、身に染みついた態度や感情的な反応を変え、停滞したエネルギーやトラウマを体から取り除き、幸福感を高めます。新しい石はとりわけ過去世からの細胞レベルの記憶を再プログラミングし、その記憶がもととなって現世でおきている症状を解決するのに効果的です。ヒーリングとは、エネルギーや姿勢をわずかに再調整し、より素晴らしい調和と活力をもたらすことです。

らせん状の銀にクリスタルを入れて身につければ効能を得やすくなります。

ヒーリング用のクリスタルは人によって効果が異なるため、あなたに合う石もあれば合わない石もあります。とりわけ、高次の波動を持つクリスタルや同じ石でも違う色を持つクリスタルは個人差があります。効果のあるクリスタルには引き寄せられ、そうでないものには拒まれる感じがするでしょう。ただし自分では気がついていない問題を抱えている場合は、その問題に働きかけるクリスタルを無意識のうちに拒絶している可能性もあるので、ダウジング（下記を参照）を行い、石の効果を確かめましょう。ダウジングはクリスタルを置いておくべき期間の長さも教えてくれます。

ヒーリング用のクリスタルは内臓の上、痛みや不調がある部位、対応するチャクラの上に置き、体やオーラ（高次の波動を持つ石を肉体から数センチ離したところに置くのがもっとも効果的）に働きかけさせることができます。クリスタルを胸腺の上（高次の心臓のチャクラ）に置くと、免疫システムの働きを支え刺激します。先がとがったクリスタルや細長い棒状のクリスタルは、先端を体から外に向けて置くことでよどんだエネルギーや痛み、病気を外に出します。また体のある内側に向ければ、ヒーリング・エネルギーを再び取り込み、その力を体へと導きます。慢性的な症状にはクリスタルを身につけます。その部位に数時間テープで貼り、一定時間あけて、また繰り返します。慢性でない症状には10分から20分ほどで十分ですが、もしクリスタルが落ちたり、疲れを感じたりすることがあれば、すぐにクリスタルの使用を中止してください。

クリスタルを置くときはリラックスしましょう。瞑想した状態で行うと効果があります。始める前に数回深呼吸をしましょう。すべての緊張を吐き出し、意識を内深くに取り込みます。

指で行うダウジング

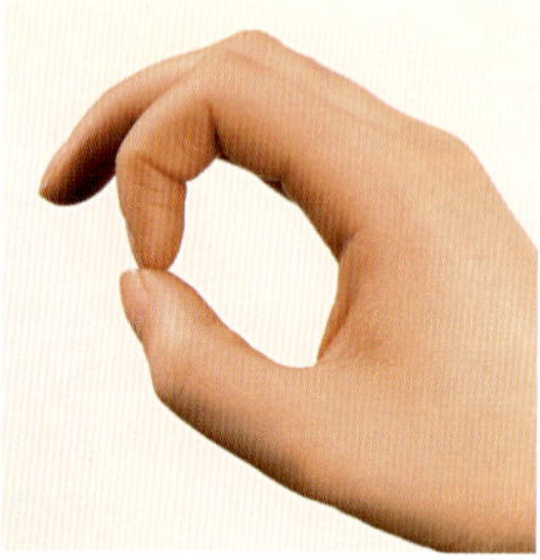

1. 親指と人差し指で輪を作ります。

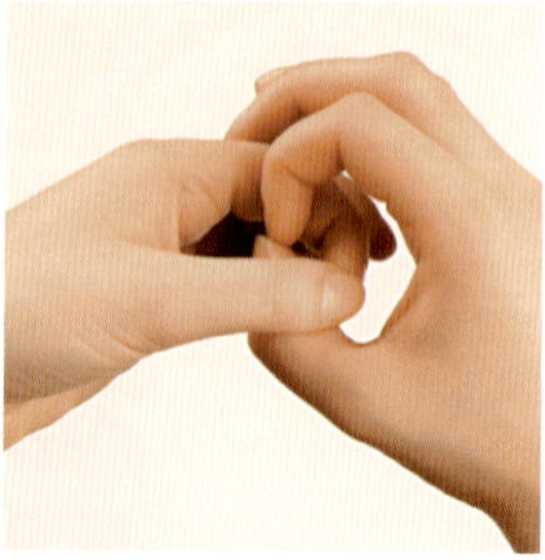

2. 輪の中に、反対の手の親指と人差し指を入れ、こちらも輪にします。その形のまま、クリスタルか写真の上にかざし、質問をします。

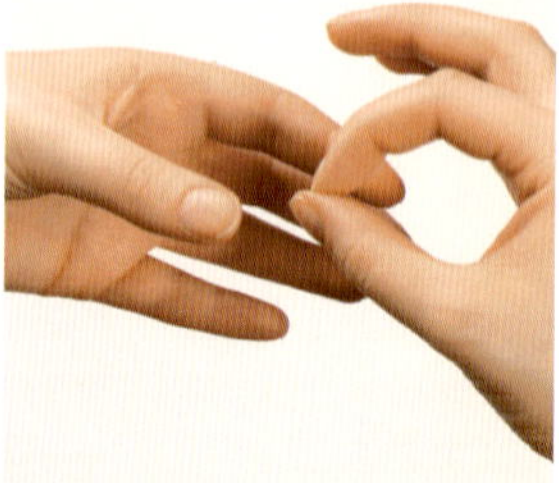

3. 強く引きます。指の輪がくずれたら、質問に対する答えは「ノー」です。輪がくずれなければ、答えは「イエス」です。

クリスタル・ヒーリング

クリスタルの紹介ページには、必要に応じて関係の深いチャクラを記しています。クリスタルをチャクラ・システムからのヒーリングに使うときは、横になってリラックスし、対応するチャクラの上に置き、20分ほどそのままにします。

チャクラ

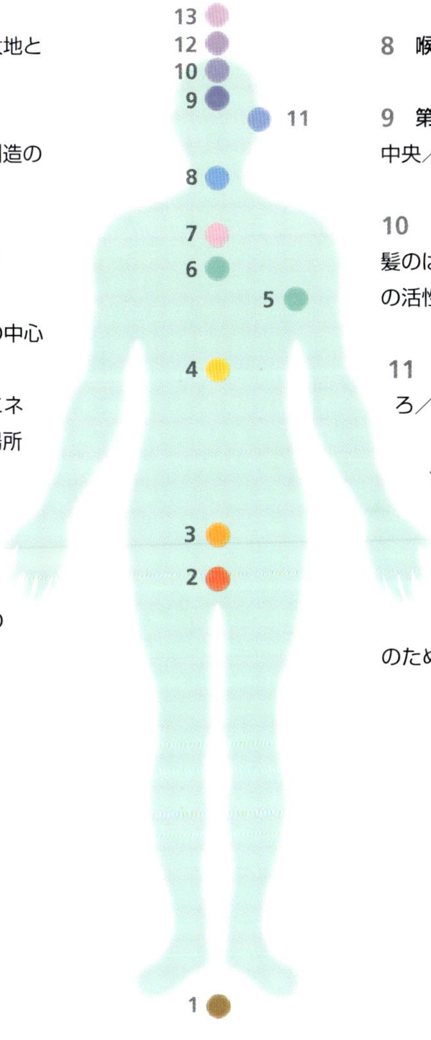

1 **大地** 両足の間／大地とつながるポイント

2 **基底** 会陰／性と創造の中心

3 **仙骨** へそのすぐ下

4 **太陽神経叢** 感情の中心

5 **脾臓** 左脇の下／エネルギー流出のありうる場所

6 **心臓** 心臓の上／愛の中心

7 **高次の心臓** 胸腺の上／免疫の中心

8 **喉** 喉の上／真実の中心

9 **第三の目** 額の上、両眉の中央／洞察力の中心

10 **ソーマ** 第三の目の上、髪のはえぎわ／精神性と意識の活性化の中心

11 **過去世** 両耳のすぐ後ろ／過去世の情報が蓄積

12 **宝冠** 頭頂／霊的なつながりを持つ場所

13 **高次の宝冠** 宝冠のチャクラの上／魂のための接点

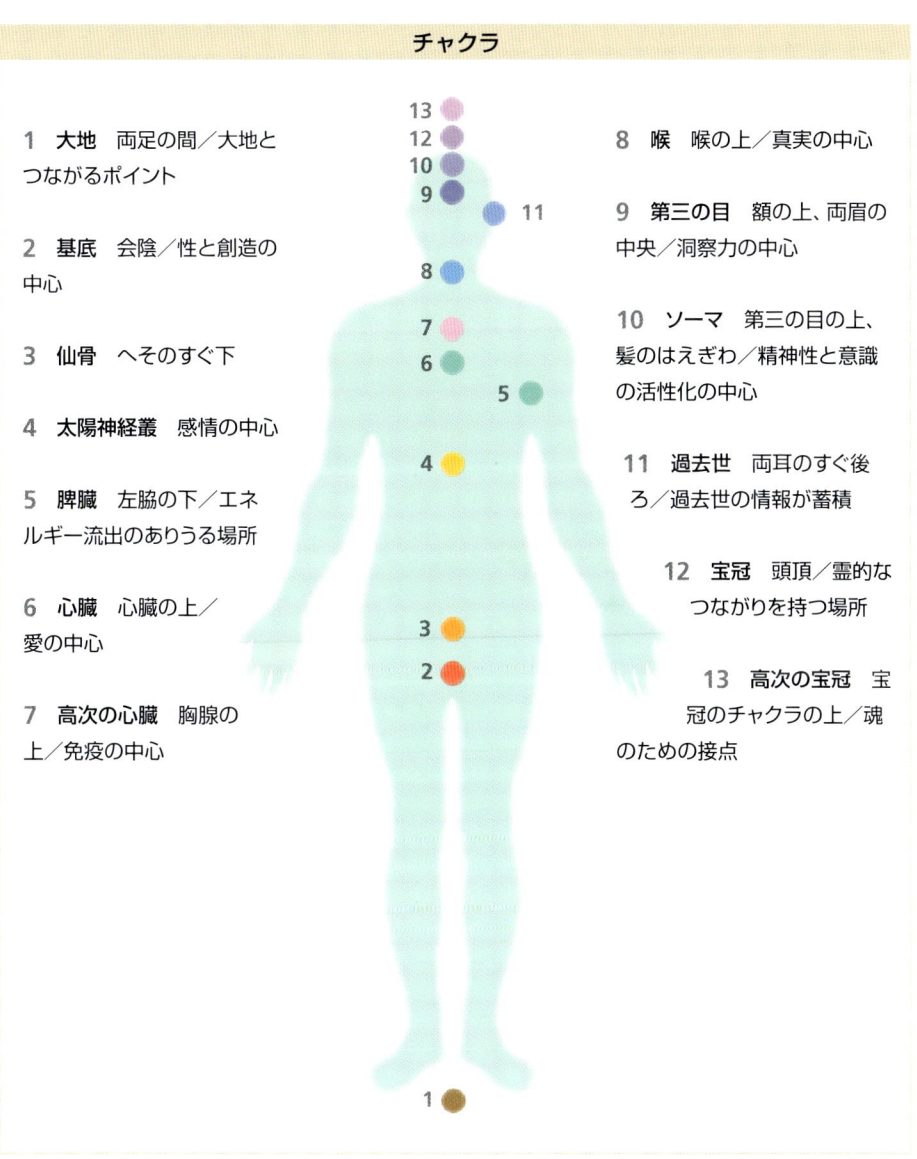

高次の波動を持つ石

新しいクリスタルの多くは高次の波動を持ち、多次元の癒しをもたらします。ただし、その石の波動とあなたの波動が調和しなければ効果は現れません。もしクリスタルの効果がないように感じたら、手でその石を包み、静かに意識を集めます。クリスタルと調和ができると、うずく感じがし、体が少し動くようになるかもしれません。そうなれば、そこでやめずに、効果が現れるまで、毎日10分ほど座って続けてください。何も起こらなければ、別のクリスタルにかえましょう。高次の波動を持つクリスタルの場合、強い反応やヒーリングを妨げるトラブルが起きることがあります。そのようなクリスタルはすぐに手放し、グリーン・ファントム・クォーツかスモーキー・クォーツの先を足に向けて持ち、エネルギーを体から出すようにします。高次の波動を持つクリスタルを再び使うのは1日か2日たってからにしましょう。

タンジン・オーラ・クォーツ

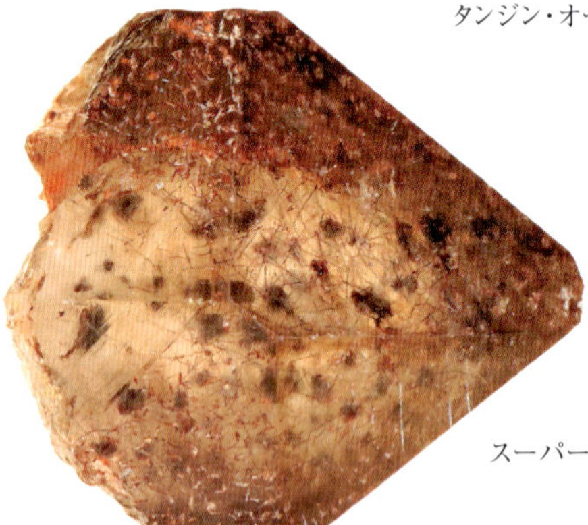

スーパー・セブン

ファントム・クォーツ(デジライト)

アホイト

ジェム・エリキシル

クリスタルは波動と共鳴によって働くため、そのエネルギーは湧水などに簡単に移し、必要なときのために保存できます。ジェム・エリキシルは新しいクリスタルの波動をオーラ層に移すのに最適です（オーラ層は、体の周囲を手のひらほどの広さで囲んでいます）。

ジェム・エリキシルの作り方

クリスタルを浄化し、清潔なガラスのボウルに入れます。上からきれいな湧水を注ぎます（クリスタルに毒性がある場合や繊細な石の場合は、ボウルに湧き水を先に入れ、その中にクリスタルを置きます）。6時間から12時間太陽光の下に置いた後、クリスタルを水から出します。水を清潔なガラス瓶につめ、冷蔵庫で保管します。

エリキシルの使い方

一定の時間ごとに飲んだり、肌につけたり、症状が出ている箇所にぬったりします。エリキシルを翌日以降まで残して使うのであれば、保存料としてブランデーもしくはりんご酢を3分の1加えます。お風呂にジェム・エリキシルを数滴落としたり、スプレーボトルに水と一緒に数滴入れて家の中や仕事場に軽くスプレーしたりするのもよいでしょう。

新しく見つかった クリスタル百科

ここからは新しい石とヒーリング・クリスタルの種類や特性について紹介します。必要に応じて関連するチャクラ、数字、星座、星を挙げていますが、まだはっきりとは解明しておらず、無関係の場合もあるということに留意ください。

クォーツやジャスパーという1つの属性と、さまざまな形状と色で特定する石については、形状で取り上げるとともに、属性の情報も含んでいます。コンビネーション・ストーンについては構成要素の特性がわかるよう、関連する部分に相互参照を設けています。

多くのページで、クリスタルが効果をもたらす内臓や体のシステム、癒す症状やネガティヴな感情、高めるポジティヴな傾向などを詳しく述べています。スピリチュアル・レベルで働き、より高次のチャクラを開くためのクリスタルの場合、肉体を癒す効能を持たないこともあります。多くの石はチャクラを通じて働きかけ、チャクラの上に置くとチャクラだけでなく、関連する臓器や感情を浄化し調整します。

豊富な写真があなたのクリスタルを見つける手がかりとなり、一覧表はあなたに必要なクリスタルのページを探す役に立つでしょう。

新しいクォーツとクォーツ・コンビネーション

ホワイト・スピリット・クォーツ

特性:ホワイト・スピリット・クォーツはすぐれてスピリチュアルな石で、クォーツが持つあらゆるエネルギーの特性を内包し、マスター・ヒーラー、強力なエネルギー増幅器とでも呼ぶべき石です。クォーツはエネルギーの調整、浄化、吸収、蓄積、解放という多岐にわたる働きをし、滞りを取り除き、プログラミングに適した受容体となり、カルマの輪を解消します。高次の波動エネルギーを四方へ放ち、クリスタルの中心部分はしっかりとヒーリングに焦点を合わせ、細胞レベルの記憶を再プログラムします。スピリット・クォーツはメタフィジカルな能力を高め、死に際しては死後の世界での異なる次元を経て、最高次の波動や、迎え入れようと待っているものの懐へと魂を導きます。あとに残された者たちの心を慰め、先祖代々の癒しのためにプログラミングすることができます。

夢やメタフィジカル・ワークの助けとなるこの石は、現世における霊的な計画を再調整するため、過去世ヒーリングに有効です。トラウマとなるような状態の中で重大なカルマのつながり、与えられた運命、もしくはカルマの公正を指摘し、自分を許す後押しをしてくれます。

効能:グループワーク、アセンション、儀式、メタフィジカルな能力、多次元の癒し、細胞レベルの記憶、再生、脳波のシンクロニシティの強化、陰陽の結合、オーラ体の浄化と刺激、不和を癒す、忍耐強さ、アストラル体プロジェクション、解毒、強迫観念、生殖、発疹。

天然の形状

外観	チャクラ	数字	星座
細かな結晶が長形ポイントを覆う。	すべてを浄化、宝冠	6	すべて

シトリン・スピリット・クォーツ

特性：豊かさの石のひとつ、喜びあふれるシトリンは、強力な浄化作用と活気に満ちた再生の力を持っています。浄化する必要はなく、環境とオーラの保護に最適の石です。シトリンは自信とモチベーションを与え、流れに順応するすべを教えてくれます。シトリン・スピリット・クォーツはシトリンとクォーツ（18頁参照）のコンビネーションです。意志の純化をもたらし、すべての依存心や執着心、物欲から解放しつつ豊かさを引き寄せる働きがあります。自己の気づきを促し、オーラを清め浄化します。この石はあなたを自分の力の中心に立たせ、そこから人生を導きます。仕事では目標と計画に焦点をあてます。グリッドとして使用すれば、電磁波やジオパシック・ストレスから家を守り、乱れた大地のエネルギーを治めます。また、争いの解決を促し、あなたを傷つけたと感じる人々に許しを送ったり、求めたりするようにプログラミングできます。

天然の形状

外観	チャクラ	星座
小さな黄褐色で、透明もしくはアメジストの結晶が長形ポイントを覆う。	大地、 太陽神経叢	獅子座

アメジスト・スピリット・クォーツ

特性：思いやりに満ちたアメジスト・スピリット・クォーツはクォーツ（18頁参照）の波動を持ちます。アメジストはきわめてスピリチュアル、かつ強力な守護の力を持ち、また鎮静力もそなえた石であるため、すぐれた情緒安定剤となります。思いやりに満ち、無私無欲のこの石は、他の状態への変化を促し、より高次の意識へ近づけます。高次の宝冠のチャクラで、過去の霊的な力の誤用に変化をもたらし、まだ生まれていない魂も含め、多次元のヒーリングを行います。死に瀕している魂を遠くから助けるように、また不治の病に計り知れないほどの支えと慰めをもたらすようにプログラミングできます。

アメジスト・スピリット・クォーツはフラワー・エッセンスのすぐれたキャリアーにもなり、カルマ、すなわち次世に持っていけば害となるであろう意識、感情をゆるやかに解消していきます。精神を解き放つのに効果的な石で、閉じ込められた魂が光に向かうのを助け、旅路の導きをします。プラクティショナーはこの石を握ることで、魂を解放するのに必要な場所がどこであれ安全に旅をし、その魂が先に進む前に成すべきことがあるかどうかを確かめられます。

天然の形状

外観	チャクラ	星座
小さなアメジストが長形ポイントを覆う。	高次の宝冠	魚座

スモーキー・スピリット・クォーツ

特性：スモーキー・スピリット・クォーツは強い守護力やグラウンディング、浄化力に加え、クォーツ（18頁参照）のエネルギーを持ちます。

多次元の細胞レベルのヒーリングと調和を促します。冥界への案内役に最適の石で、魂を安全に次世へ送り届けます。その際、サトル体を浄化し、重なったカルマの層や感情の残骸を取り除き、細胞レベルの記憶をプログラムし直し、良い再生を確かなものにします。また同様に、冥界を訪れたり潜在意識を探ったりするようなワークにも効果があります。深く閉じ込めた感情、不調和の状態、トラウマとなっている記憶を、先祖代々伝わってきたものも含め、すべて浄化し解放するのです。ただし、こういったワークは浄化反応を起こす場合があるため、専門のプラクティショナーの指導のもとで行うほうがよいでしょう。

スモーキー・スピリット・クォーツは環境のバランスの崩れや汚染を、いかなる原因のものでも、安定させ、浄化するために使えます。

天然の形状

外観	チャクラ	星座
小さな灰褐色の結晶が長形ポイントを覆う。	基底、第三の目	蠍座

フレーム・オーラ・スピリット・クォーツ

特性：フレーム・オーラ・スピリット・クォーツはチタンとニオブからできており、深い多次元のエネルギー移動をもたらし、クンダリニーのエネルギーが脊柱をのぼり、サトル体全体に行き渡るようにします。このクリスタルは、個々の魂が進化のために必要とするものを与えるという効果を持ちます。力強い紫色の放射によって、すべての光線と占星術図を調和します。またこの石は人を"読む"助けとなります。強力なイニシエーション・ツールです。スピリット・クォーツに属さないフレーム・オーラ（形状はワンド）もあり、その特性は同じです。

フレーム・オーラ・スピリット・クォーツ

フレーム・オーラ・クォーツのワンド

外観
スピリット・クォーツを様々な色が覆う。

フェアリー・クォーツ

特性：フェアリー・クォーツはスピリット・クォーツ(18頁参照)ほど霊的な石ではありません。レーザー・ポイント上の結晶は細かくあまり目立たず、波動は大地に向かうものです。それでもスピリット・クォーツの波動を持っています。高度の霊的な次元よりもむしろ妖精の王国とつながっており、星や大地の神々とコンタクトし、家族だけの神話やあなたを閉じ込めている先祖や文化特有の話を解き明かし、適切な形で作り直します。

この石はファミリーに有効な石で、家の環境を穏やかにし、情緒面の痛みを取り除き、悪夢を見た子どもをなだめます。フェアリー・クォーツをワンドとして使い、情緒と肉体の不調和を取り除いたり、癒しのエネルギーを体に請じたりできます。これはとりわけ子どもに効果があります。この石はあなたの創造的なインナー・チャイルドの望みを明らかにするようにプログラムするのに最適です。

効能：細胞の解毒、痛みを取り除く。

天然の形状

外観	数字	星座
不透明な長形ポイントを小さな結晶がつながって覆う。	9	双子座

オレンジ・ドルージー・クォーツ

特性:ドルージー・クォーツは、クォーツとスピリット・クォーツ(18頁参照)特有の強力な波動を持ち、色は様々です。寝たきり患者や介護者にとって理想的な石で、調和を促し、助けを申し出たり受けたりすることや、感謝の気持ちを表しやすくします。この石は思いやりを深め、人生でどんな苦しい状況においても笑う力を授けます。ポケットに入れるか、ベッド脇に置いておくことで、全身にエネルギーを与え、元気にします。

効能:自ら課した制限、生気回復、歯周病、無気力。

母岩上のドルージー・クォーツ

外観	チャクラ	星座
母岩上に赤みがかったオレンジ色の結晶がある。	基底、仙骨	牡羊座

ブッシュマン・レッド・カスケード・クォーツ

特性：ブッシュマン・クォーツの色はライモナイト（96頁参照）によるもので、強力なエネルギーの蓄えを生み、それによって肉体と情緒の両面の奥深くに有り余るエネルギーをもたらします。ひじょうにエネルギーに満ちたこの石は、数分使用するだけで、活力をもたらし、高次のエネルギー・レベルへと導いてくれるでしょう。ただし、クリスタル・ワークの経験が十分でない人には、エネルギーが多すぎて手に負えない場合があるため、注意してください。クリスタル・セラピー有資格者の指導のもとで使用することをおすすめします。ブッシュマン・クォーツは技能と効率を高め、良い法的な結果をもたらすよう、プログラムできます。

効能：ポジティヴな行動、粘り強さ、活力、精力、血液循環、血管、筋肉。

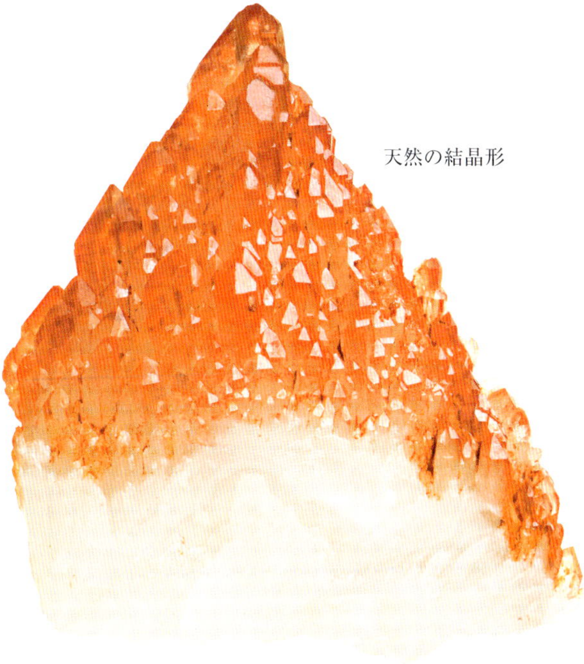

天然の結晶形

外観	チャクラ	星座
ドルージー・クォーツが 大きなポイントから流れるように覆う。	基底、仙骨	牡羊座

フェンスター・クォーツ

特性:フェンスター・クォーツは癒しの光を送ったり、高次の波動が必要なエネルギー・ワークを行ったりするときに最適な石です。フェンスター・クォーツの面の中に自然に刻まれた三角形は、自己洞察や瞑想のための内なる風景となって去来します。この石は透視力を刺激し、うまく機能しない行動パターンや大きくなりすぎた感情を癒します。中毒症状の原因となっている過去世や子ども時代に光を投げかけ、それらを取り除きます。さまざまな妄想や強迫観念を招くことになる「もっと、もっと」という欲望を捨て去り、細胞レベルの記憶をプログラムし直します。強迫性障害やトゥーレット症候群の症状にも効果があります。

効能:目、中毒症状、摂食障害、強迫性障害(OCD)、チック、ひきつけ。

天然の結晶形

外観	チャクラ	星座
クリア・クォーツの中に窓(フェンスター)がある。	すべて	水瓶座

シュガー・ブレード・クォーツ

特性：シュガー・ブレード・クォーツは地球外生物や星とのコンタクトの石で、ある場所でグリッドとして使えば宇宙船の着陸を促すといわれています。宇宙の隣人たちの教えに触れてみたい、また自分の原点はどの星なのかを知りたいとき、シュガー・ブレード・クォーツが交信や接点となる場所に導きます。本当の自分自身を知りたい場合は、この石をソーマのチャクラに置きます。そうすれば、自身の核となる精神的アイデンティティの幅広さに波長を合わせ、それを外の世界に明らかにしてくれるでしょう。また、生命エネルギーとあなたの多次元体のホログラムを映します。「I am（私は……である）」の原理に合わせて働き、人生の進む方向を選んだり、どの扉を開けるべきかを示したりします。

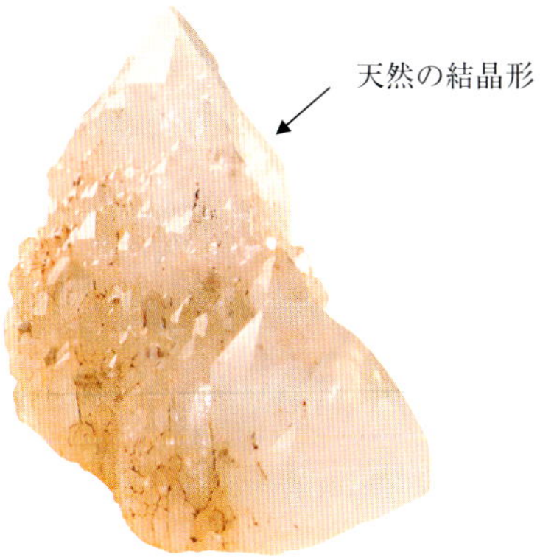

外観	チャクラ	星座
ドルージー・クォーツの側面にある長いブレード。	ソーマ	水瓶座

スター・ホランダイト入りクォーツ

特性：クォーツ（18頁参照）とゲーサイト（123頁参照）のエネルギーを併せ持つスター・ホランダイトは、瞑想に深みと静寂をもたらし、あなたを万物の調和のなかに導きます。星々や星の住人、星の伝承や宇宙の叡智とのコンタクトを活発にしたい場合に最適な石です。この石は古代エジプトの起源と、その発展にスター・ピープルがいかに介在していたかをさかのぼって見せます。また、理性的な考えを促し、緊張や不安を消し去ります。肉体と精神の両面からネガティヴなエネルギーを取り除き、穏やかに受け入れる状態と内なる警戒心をもたらします。

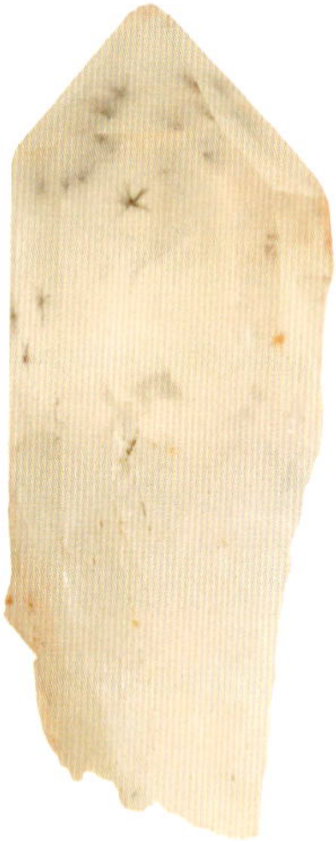

天然の結晶形

外観	チャクラ
クォーツ・ポイントの中、小さな六角形の星がある。	すべてのバランスを整える

スターシード・クォーツ

特性：スターシードは銀河における次元間のコミュニケーションに理想的なクリスタルとされています。また太古のレムリア文明に近しく接触させるともいわれています。スターシードには星図のように見える細かい刻み目があり、あなたの魂と関係のある星を見つける助けとなります。刻み目のあるクリスタルの特性として、スターシードを読み解けば、太古の叡智と、あなたの魂が肉体を持った目的をあらためて知ることができます。スターシードは緑ターラー菩薩のエネルギーを持ち、シャンバラのようなすばらしい明瞭さをもたらし、純粋さへと通じる気づきの状態に導きます。霊的な青写真を示す計画と結びつき、再調整します。シュガー・ブレード・クォーツとあわせて使うことで、潜在的なものを活性化し、心と魂を完全に和合させます。

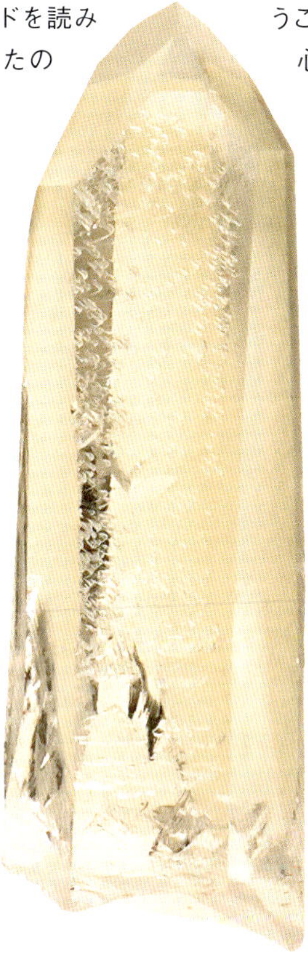

天然の結晶形

外観	チャクラ
交互の面に深く刻み目がある。また、片面にドルージー・クォーツ、片面に刻み目が入っている場合もある。	高次の宝冠

シフト・クリスタル

特性:カルサイトに付着したクォーツ(18頁参照)が溶けた後、ブレードと動かせる空間ができます。地殻変動のプレートが衝突してできたという説もあり、このシフト・クリスタルはその名の通りの働き——つまり、あなたを新しい空間へ移動させ、霊的な成長を加速させます。瞑想の導入に最適な石で、また、夜、枕の下に入れるのにも適していますが、シフト・クリスタルがもたらすものはなんであれ受け入れる心の準備が必要です。このクリスタルに後戻りはなく、その効果は劇的でトラウマティック、また絶大なものになるでしょう。というのは、この石が魂の行路にあなたを移動させ、秘めたるヒーリング力を開き、前に伸びる発展の道を明らかにするからです。シフト・クリスタルが招いた人生の変化に順応するために、他の石が必要になることもあります。

シフト・クリスタルはレイキのヒーリング力を大きく増幅し、ヒーラーと受け手を強化します。セッション中、またはセッション後に象徴となるシンボルを伝えたり、細胞レベルの記憶を再プログラムするためのプログラミングを行うこともできます。

天然の結晶形

外観	チャクラ	星座	星
多面体で、ブレードとくぼみがあり、内部に空間がある。	心臓、高次の心臓、第三の目、宝冠、高次の宝冠	水瓶座	天王星

ファーデン・クォーツ

特性：ファーデン・クォーツは自己の癒しや個人の成長を高め、オーラを清め、チャクラ・エネルギーの流れを調和します。ヒーリング過程でのコミュニケーションに最適で、分裂した魂を統合して戻し、自己を一つにします。遠隔ワークでも、ヒーラーと受け手を結びつけます。体外離脱を行っている間、シルバー・コードがエーテル体を肉体につなぎとめ、、旅の安全を守ります。答えを捜している時はハイヤー・セルフと結びつけます。過去世回帰に有用で、とくに世と世の間で、魂の教えや不調和の根本的原因を大まかに知らしめます。

この石は溝を埋めるものとして、グループのエネルギーを調整します。とくに、なにか壊れてしまったものを癒すときや、争いを克服しようとするときに働きます。強いトラウマを抱えて苦しんでいるなら、この石がそれを乗り越える力を与えます。不安定な土地や肉体のエネルギーには、グリッドとして使用できます。

効能：情緒不安定、骨折やひび、すべての次元の安定、細胞レベルの記憶、嚢胞やかさぶたの解消、腰痛、内面の調和。

天然の結晶形

外観	チャクラ	星座
透明で平らなクリスタル。 糸状の線が通っているのがはっきり見える。	すべてを開く、 とりわけ、 宝冠と過去世。	天秤座、蠍座

アップル・オーラ・クォーツ

特性：アップル・オーラ・クォーツはニッケルがクォーツ（18頁を参照）に結びついてできた石です。胸骨の基部にあたるように着けたり、脾臓のチャクラの上に貼ったりすることで、脾臓を守ります。多次元のエネルギーの流出を止め、サイキック・バンパイア、つまり無断であなたのエネルギーを吸収する何者かを打ち負かすのです。また、強い精神的・感情的影響力を持ち続ける以前のパートナーやメンターとのつながりを断ちます。

長形ポイント

外観	チャクラ
アップルグリーンに輝く透明のクリスタル。	脾臓

タンジン・オーラ・クォーツ

特性：この神秘的な新しいオーラ・クォーツはインジウムを変化させて生まれました。インジウムはレア・メタルで元素周期表のほぼ中心に位置します。タンザナイトは多次元のバランスをもたらします。この繊細な石は、サトル体のさらに上にある最高次の宝冠のチャクラを開き調整し、宇宙エネルギーを肉体と大地に取り込みます。下垂体や視床下部、そして松果体を調整する強い効果を持ち、奥深い霊的な相互のつながりと肉体の平衡をもたらします。

タンジンの特性はまだ研究中ですが、ホメオパシー治療で長らく使われてきたインジウムはミネラルの吸収を助け、最も好ましい新陳代謝やホルモンバランスをもたらすことから、肉体と精神両方の幸せを生み、また発ガン物質を抑えると考えられています。この石は甲状腺、脾臓の症状、またミネラルの欠乏を克服するのに最適だとされています。

効能：新陳代謝、偏頭痛、ミネラルの吸収、不眠症、注意欠陥障害、免疫システム、病状の回復期、うつ症状、炎症、繊維筋痛症、皮膚結核、糖尿病、視覚、緑内障、尿路、血圧、血液循環、肺炎、膵臓、脾臓、肝臓。

短形ポイント

外観	チャクラ	数字	星座
輝く青みのあるラヴェンダー色を帯びたクリア・クォーツ。ポイント、またはクラスター。	すべてを開き調和する、高次の宝冠	8	乙女座—魚座

グリーン・シベリアン・クォーツ

特性：ロシアで天然のクォーツ（18頁参照）を化学物質と結合させて再生したグリーン・シベリアン・クォーツはきわめて有力な石で、心と感情を癒す強い愛の波動をもたらします。この石は論争を治める力がとりわけ強いため、隣人との口論や反対の意見を持つ人同士の会議の場などで身に着けるといいでしょう。繁栄と豊かさを生むとされ、健康や愛情、金銭面のラッキーストーンといえます。

効能：心臓、感情、肺の症状、高所病。

外観	チャクラ
透明な緑色のクォーツ	心臓

成形したもの

ゴールド・シベリアン・クォーツ

特性：ゴールド・シベリアン・クォーツは太陽神経叢を刺激し、意志の力と、創造的な視点をポジティヴに表現する能力を高めます。心が望むすべてのものをもたらし、カルマに影響している過去の間違った欲望や攻撃的な行為を解消するよう、プログラミングできます。

成形したもの

外観	チャクラ
透明な金色のクォーツ	太陽神経叢

パープル・シベリアン・クォーツ

特性：スピリチュアル・マジシャンの石、パープル・シベリアン・クォーツは、あなたの本質をともに生み出す助けとなります。また儀式やスピリチュアル・ワークのあいだ、あなたの中心を定め、グラウンディングを促します。第三の目と高次の宝冠のチャクラを強烈に刺激し、意識をひじょうに高次のレベルでの神秘的な状態に導きます。

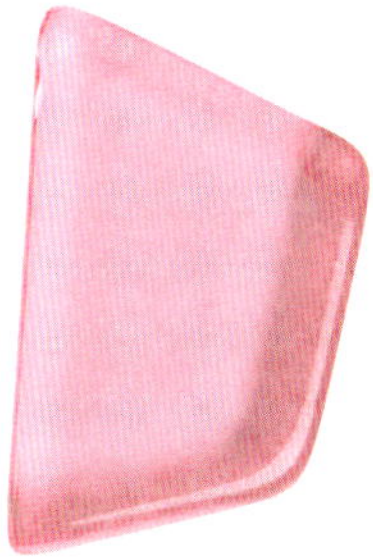

成形したもの

外観	チャクラ
透明な紫色のクォーツ	宝冠、高次の宝冠

ブルー・シベリアン・クォーツ

特性：神秘的なブルー・シベリアン・クォーツはコバルトを変化させて生まれた石で、強烈な視覚経験をもたらし、宇宙の意識の流れの中へあなたを解放します。このクリスタルはサイキックな視野やテレパシーを刺激し、コミュニケーションを高め、精神を高揚させ、深い安心感を徐々に浸透させます。真実を話すのを助け、それを聴いてもらえるようにします。

効能：のどの感染症（エリキシルでうがい）、胃潰瘍、ストレス、うつ症状、炎症、日焼け、首や筋肉のこり。

成形したもの

外観	チャクラ
透明な明るい青色のクォーツ	喉、第三の目、宝冠

アクティノライト・クォーツ

特性：アクティノライト・クォーツは、進むべき道を見失い新しい方向を探そうとする時にとても役立ちます。好機をとらえる感覚を徐々に身につけさせ、建設的な発展のためにとるべき新しい道を示し、自分の過ちの意味を知らしめます。116頁のアクティノライトも参照のこと。

効能：解毒、代謝

天然

外観

透明のクォーツに、黒っぽい糸、
もしくは緑の糸のようなもの、
あるいはファントムが入っている。

チャイニーズ・クロム・クォーツ

特性：人工クォーツ。クォーツをクロムと一緒に加熱し、表面に融合させて作ります。現在、下に挙げた効能以外は明らかになっていません。

効能：重金属を体外に排出、血糖値のバランスの崩れ、慢性疲労、体重規制、ホルモン不足。

修正を加えたクラスター

外観

ポイントと"管"の上を泡状に覆っている。

オーロ・ヴェルデ・クォーツ

特性：クォーツをガンマ線と衝突させてできた石です。オーロ・ヴェルデは"緑の金"を意味し、人生の深い意味に触れ、過去からの智恵の光に照らして未来の出来事を見せ、より建設的な選択へと導くとされています。高次のエネルギーを持ち、浄化やエネルギーの再チャージが必要なく、使い手を強力に守るといわれています。この石に触ると気分が悪くなる人もあり、敏感な人にとっては「クルミを割るのに大ハンマーを用いる」ようなものといえ、強い拒絶反応を示すこともあります。

また、この石はオリンピックの聖火の象徴とも考えられ、世界を兄弟愛や助け合いへと導きます。拒絶反応がない人には豊かさをもたらし、人柄に深みを与え、輝かせます。オーロ・ヴェルデは病気の原因やラドンガスを見つけ、放射性物質から守ってくれる働きがあるとされています。

効能：腫瘍、ヘルペス、アレルギー、アナフィラキシー・ショック、抹消循環、レイノー病。

原石

外観	チャクラ	数字	星座
やや滑らかなもの、 あるいはひびのあるもの。 カーキ色のクォーツ。	第三の目、 宝冠	1	獅子座

ピンク・クラックル・クォーツ

特性：クラックル・クォーツは加熱、着色してできます。浮き立つような色のこの石は人生の楽しみや喜びを助長します。人生を高めようとするときには最高の友となり、エネルギーを再チャージするのを助けます。レイキ・ヒーリングにも役立ち、ハイヤー・セルフとのコンタクトを促します。また虐待された子ども、心が傷ついた子どもを癒すときにも使えます。体型、体調、年齢に関係なく、自分の身体を愛する後押しをし、ありのままの自分を受け入れるのに最適な石です。愛を引き寄せるようにプログラミングを行いましょう。

効能：膵臓、糖尿病、細胞レベルの記憶、骨粗しょう症、複雑骨折、不安感、耳垢、飛行機に乗っている時の耳の中の気圧変化による痛み。

柱石

外観	チャクラ	星座
透明なクォーツの結晶で内部に傷やひびが入っている。	太陽神経叢、心臓	天秤座

シチュアン・クォーツ

特性：ハーキマーとチベット・クォーツの強力な波動が効果的に組み合わさり、ひじょうに高次の活発な波動を持ちます。この天然のチャイニーズ・クォーツはサイキックかつ内的な視野をすばやく開きます。サトル体を肉体と調和させ、チャクラの道筋に沿ってエネルギーの溝を埋めていきます。チベット・クォーツと組み合わさったことで、体と自己に流れ込む、大地とつながり中心の定まったエネルギーを持ち、オーラの深い癒しと、現在の肉体が発展するもととなる霊的な計画をもたらします。経絡を活性化し調和します。

ヒーラーか過去世セラピストがセッション中に握ると効果が上がり、洞察力が発揮されます。アカシック・レコードにアクセスし、古代中国の叡智に触れたり、現世で直面しているカルマの課題や不調和の原因となる過去世の理由をはっきりと見せたりします。ヴァージニア産のダブル・ターミネーティドのブラック・ファントム・クォーツ(62頁参照)はシチュアン・クォーツと同様のエネルギーを持っています。

効能：経絡を活発にする、細胞レベルの記憶、摂食障害、依存・共依存の関係を絶つ、自己の中心を定める。

天然のダブル・ターミネーティド

外観	チャクラ	星座
ダブル・ターミネーティド、澄んだクリア・クォーツ、黒い点を含むこともある。	すべて、第三の目と宝冠をつなぐ	乙女座

アメジスト・ハーキマー

特性：ハーキマーはエネルギーに満ちあふれた石で、最高次の霊的な次元で創造力と意識の調整をし、精神面で授けられた才能を刺激して開きます。電磁波やジオパシック・ストレスを遮断する最高のグリッドとなります。第三の目を微調整し、守護の働きとアメジスト特有の霊的な開放の波動を持つため、アメジスト・ハーキマーはどの世からも魂を回復させ、深い核となる魂の癒しを促し、自己の様々に異なる部分をすべて統合するメタフィジカルな道具にもなります。肉体をもった魂をカルマの苦しみから解き放ち、他の魂の次元に合わせてまとまり精神の乗り物となることで、深遠な精神的発展と意識の変容をもたらします。

すべてのハーキマー同様、この石はふたりの人が離れたときに結びつけ、テレパシーを強化します。旅や瞑想の最中に魂の強力な盾をつくり、スピリチュアル・ワークやヒーリング・ワークが始まるとエネルギーを蓄え浄化します。ツインフレームやソウル・メイトを引き寄せるプログラミングに最適の石です。

母岩上のアメジスト・ハーキマー

外観	チャクラ	星座
明るいダブル・ターミネーティドの透明な結晶の中に、ぼんやりとしたアメジストのファントム、またはインクルージョンがある。	高次の心臓、高次の宝冠、第三の目	魚座

〈シトリン〉・ハーキマー

特性：黄色のオイルで着色され、シトリンのような外観を持つ〈シトリン〉・ハーキマーは、貧困意識や、貧困から抜け出せない原因となっている植え付けられたプログラムや思い込みを取り去り、豊かさのドアを開き、やる気を高めます。強力な浄化作用と再生作用があるため、大地のエネルギーを高め、輝かせ、環境の資源や自然にあわせた豊かな収穫を促進するのに最高の石です。地面に置くと創造の力を浄化し、成長するすべてものに豊かな産出を促します。首のまわりに着けるとオーラとサトル体とチャクラを強力に守ります。また細胞レベルの記憶を浄化し再調整する手助けをします。

天然の大きな結晶形

外観	チャクラ	星座
黄色でダブル・ターミネーティドの透明な結晶か、クラスター。	太陽神経叢、心臓	獅子座

スモーキー・ハーキマー

特性：スモーキー・ハーキマーはすばらしいサイキック浄化ツールであり、サトル体と肉体を清める強力な浄化と解毒のエネルギーを持っています。スモーキー・ハーキマーは大地のヒーラーです。

建物のまわりにグリッドとして据えると電磁波やジオパシックの汚染から守り、サトル体からもその影響を取り除きます。

死が近づいている者にとっては慰めとなり、次世に持っていくと魂を傷つけてしまうようなネガティヴなエネルギーや感情をやさしく吸い取り、恩恵となるカルマをもたらします。

天然の結晶形

外観	チャクラ	星座
透明のハーキマーがうっすらと灰褐色がかっている。	大地、基底	蠍座

ゴールデン・エンハイドロ・ハーキマー

特性：何百年も前の液体が泡のように入っているエンハイドロは、すべてに内在し、すべてを一つに結びつける無意識の集合体を象徴しています。この石は深い感情の癒しや、あらゆるレベルでの変化をもたらします。

本物のゴールデン・エンハイドロ・ハーキマーはヒマラヤ山脈で採れるレアな石で、ひじょうにエネルギー豊富です。第三の目を刺激する霊的な才能を開花させるのに最高の石で、植え付けられたものを取り除き、現世あるいはどの世においてもその精神的な視野にある束縛を取り除き、神聖な山々の太古からの叡智へとあなたをまっすぐに連れて行きます。太陽神経叢や何世代にもわたる情動障害にとって頼もしいヒーラーで、感情体や魂の計画を浄化し、情緒の幸福を生み出します。この石は一つの生から次の生に移るときに性別が変わった人々が持つ、性の混乱やジレンマを取り除きます。

小さなダブル・ターミネーティド

外観	チャクラ	星座
ダブル・ターミネーティドの結晶の中にはっきりと目に見える小さな黄色のオイルが泡のように浮かぶ。	太陽神経叢、第三の目、宝冠、高次の宝冠	蟹座―獅子座

ブルー・クォーツ(天然)

特性:穏やかなブルー・クォーツは他人に手を差し伸べ、希望を呼び起こします。心を休め、恐れを和らげ、自分のスピリチュアルな本質を理解する助けとなり、メタモルフォーゼの経験を促します。また、あなたの創造力に火をつけます。秩序だてられないことに悩んでいる場合に最高の石で、心を明瞭にし自制心を教えてくれます。

天然のブルー・クォーツはアエリナイトかデュモルティエライト(138頁参照)、ルチル(97頁参照)、インディコライト(66頁を参照)を中に含むためこれらの石の特性も持ち、その力を増幅します。61頁のブルー・ファントム・クォーツも参照のこと。

効能:上半身の臓器、解毒、うつ症状、血流、喉、免疫システム、刺激過度、脾臓、内分泌システム。ブルー・クォーツの中にルチルが入っている場合は早漏を抑えるとされています。

母岩上の原石の結晶

外観	チャクラ	数字	星座
透明な青色のクォーツか、破片がクォーツの中に入っている。	喉	44	牡牛座

ラヴェンダー・クォーツ

特性：ラヴェンダー・クォーツは、愛情深いヒーラー、ローズ・クォーツの波動をさらに高次のスピリチュアルな愛のつながりへと高めます。メタフィジカルな才能や次元を超えたコミュニケーションにとって最高の刺激剤となり、瞑想を新たな高みに導きます。

この自己想起の石は、高められた自己の気づきとともに、意識のすべての次元で自分が何をするのかを思い出させ、多様に広がる霊的な自己を再統合します。

ラヴェンダー・クォーツは体と魂の両方にとても深い情緒的かつ多次元の癒しをもたらします。

効能：脳波と脳波パターンの不調、細胞の再生。

原石

外観	チャクラ	星座
不透明なものから透明なものまで、薄紫のクォーツ。	心臓、喉、 第三の目、 高次の宝冠	魚座

スモーキー・ローズ・クォーツ

特性：このめずらしいコンビネーションは、ローズ・クォーツが持つ無条件の愛の包括的なエネルギーと、スモーキー・クォーツが持つ浄化と守護のエネルギーが一緒になり、深い感情の癒しを促し、信頼感を行き渡らせます。スモーキー・ローズ・クォーツは恨みを溶かし、虐待による心の傷を取り出し、心を無条件の愛で満たし、癒しが途切れることがないように守護の盾となります。

この美しい石はあなたの環境を純粋にし、ネガティヴなエネルギーをすばやく変化させ、かわりに愛を取り入れます。死や死にゆくことを恐れている人のそばに置くのに最高の石です。ベッドの横や枕の下に置きましょう。

原石

外観	チャクラ	星座
不透明もしくは透明なピンクのクォーツ。 スモーキーのポイントかインクルージョンを持つ。	心臓、 高次の心臓	天秤座—蠍座

スモーキー・シトリン

特性：スモーキー・シトリンは浄化を必要としない数少ない石です。ネガティヴなエネルギーを貯めることはなく、すぐに変化させます。サイキックな能力を高め、その能力を日々の現実に根付かせ、スピリチュアルな道から滞りを取り除くのに最適の石です。他の人生の誓約、特に貧しさや質素さの誓約を取り除くのに役立つ石です。あなたを貧しさから抜け出せなくしている思い込みや考えを拭い去り、豊かさへの道を開きます。

この石は霊的な計画を浄化し、過去から引きずっている害をもたらす態度による影響を取り除きます。またこの石はあなたの成長を妨げている状況や環境から抜け出す後押しもします。

原石

外観	チャクラ	星座
濃い茶色がかった黄色の斑点が、シトリンの結晶の中に入っている。	大地、太陽神経叢	獅子座, 蠍座

スモーキー・アメジスト

特性：スモーキー・アメジストは、スピリチュアルなエネルギーを大地に向けるとともに、最高位の気づきへも近づける、双方向の力を持ち、力強いエネルギーを集中して体に送ります。

心霊体の浄化にとても効果のある石で、とりわけ第三の目においては門番となりサイキックな攻撃や異界の侵入者から守り、ネガティヴなエネルギーをはねつけ、ポジティヴなエネルギーを取り込みます。また、ソーマのチャクラの上におくと、純粋で霊的な自己になるように調整します。高次の心臓のチャクラを浄化し、喉のチャクラを開き、真実を表すようになります。スモーキー・アメジストは、波動を高め、目には見えないサイキックな侵入を遮断し守り、あなたが黄泉の国で働いているときに光を投げかけます。過去世からの根深いトラウマを取り去り、引き裂かれた魂を癒し、細胞レベルの記憶をプログラムし直す力を与えます。

この石は天使のヘルパーと接触し、かつては霊的な結婚をしていて高次のチャクラでからみあっている人々を離す助けとなります。スモーキー・アメジストはやさしくエネルギーのつながりのもつれを解き、再びからむことがないようにします。

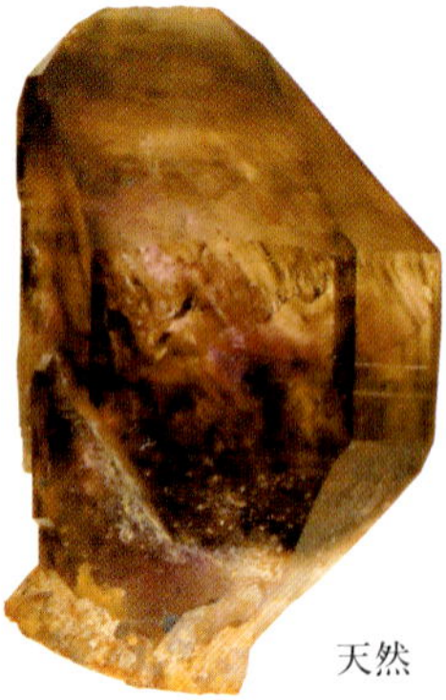

天然

天然

外観	チャクラ	星座
スモーキー・クォーツとアメジストが1つの結晶になっている。	第三の目、ソーマ、過去世、高次の心臓、喉	蠍座

ストロベリー・クォーツ

特性：天然のストロベリー・クォーツはレア・クリスタルで、心に愛をもたらし調和のとれた環境を作り出す強力なエリキシルとなります。一時一時、自覚をもって楽しく生きられるようにし、どんな状況にあってもユーモアを見つけます。ストロベリー・クォーツは夢を呼び起こす助けとなる強力なエネルギーを持っています。肉体とオーラのつながりを安定させ、繋ぎ止め、現状の隠れた原因を照らします。特に自分でつくりだした状況に有効です。自分自身に課した制限を減らし、間違った思い込みをプログラムし直し、ポジティブ・アファーメーションを助けます。

ストロベリー・クォーツの中には人工的に作られたものもありますが、働きの強さは弱まったとしても消えることはありません。

効能：不安感、心臓。

原石

タンブル

外観	チャクラ	星座
透明あるいは不透明なクォーツ、もしくはクォーツの中にインクルージョン。	心臓	天秤座

ヴェラ・クルス・アメジスト

特性：ヴェラ・クルス・アメジストは、すばやくベータ脳波の状態にするといわれ、瞑想、トランス、霊的な旅を促し、神聖な能力を高めます。高次のレベルで行うシャーマニック・ワークに有効な道具で、魂達が出合い一つになる波動の次元へのアクセスを促します。アメジストの一種ですので、深遠な次元間の細胞レベルの癒しをもたらします。

天然

外観	チャクラ	星座
とても軽く繊細なアメジスト。	すべて、 特に第三の目と宝冠、高次の宝冠	魚座

ブランデンバーグ・アメジスト

特性：ブランデンバーグ・アメジストはとても古い魂ときわめて高次の波動を持ちます。生きとし生けるものすべてに無限の思いやりを発するこの石は、深い魂の癒しや許しに最適です。いかなるレベルのスピリチュアル・ワークにも頼もしい味方で、素早く多次元とつながりを持ちます。この石はインナー・ウィンドウやファントムが象徴するように、心の中を見る助けとなります。ソーマのチャクラに置くと、あなたの原型となるスピリチュアル・アイデンティティに調和し、真の意味での内省や意識の活性化を促します。

守護力の強いアメジストと浄化力のあるスモーキー・クォーツが組み合わさったスモーキー・ブランデンバーグは、植え付けられたもの、執着、とりついた霊、精神的影響を取り除くのに最適の道具です。この石は意識の変化および過渡期、特に死を迎える過程において、ひじょうに優れています。なぜならスモーキー・クォーツはグラウンディングに最高のクリスタルで、守護力が強いことからあらゆるネガティヴ・エネルギーを中和し、もはや必要ではないものをどう置き去ればいいかを教えてくれるのです。

効能：活力、ヒーリングによる好転反応、病気からの回復期、放射線に関わる病気、化学療法、細胞レベルの記憶、衰弱、脳震盪、免疫不全、代謝エネルギー。

天然のポイント

外観	チャクラ	星座
明るく透明なクォーツ、スモーキー・クォーツもしくはアメジスト。アメジストを伴うか、スモーキー・クォーツのファントムが中に入っている。	高次の宝冠、ソーマ、過去世	魚座

エレスチャル・クォーツ

特性：エレスチャル・クォーツは変化・変容の石で、混乱を明快さに変え、人生の道を確かなものにします。永遠なる自己とつながり、神聖な高次の導きと結びつき、霊的な才能を開花させます。宇宙の中心や自身の魂の中に存在する永遠の叡智に調和するのに最高のクリスタルで、現世以外の世に案内し自身のカルマを理解させたり、自己に深く入り込ませてワーク中の魂の進化の過程に洞察力を取り入れさせたりします。深いカルマからの解放を促し、核となる魂の癒しをもたらし、細胞レベルの記憶を生まれ変わらせます。

エレスチャル・クォーツのゆったりと輝くエネルギーは、滞りや恐れを取り除き、相反するもののバランスをとり、必要な変化への道を開きます――そして、それは突然起こります。力づけ励ますので、心の重荷に打ち勝つことができます。

効能：多次元の細胞の癒し、再生、再構成、霊的進化、セルフヒーリング、薬物やアルコール中毒後の脳細胞の回復。

天然

外観	チャクラ	星座
透明、もしくは色のついたクォーツにひだとターミネーションがある（人工的に成形された大きなポイントの中に入っていることもある）。	宝冠、すべてを流れるエネルギーの架け橋となる	魚座

アメジスト・エレスチャル

特性：アメジスト・エレスチャルは「天使のクリスタル」と呼ばれ、ひじょうに強力な癒しの石です。高次のチャクラで働き、松果体を刺激し、惑星間の生命、ガイドやヘルパーとのつながりを開きます。アメジスト・エレスチャルは、過去世の経験が現状に与える影響や関連性を示し、その結果わかる滞りを除きます。異界やその他の源から来るネガティヴなエネルギーを追い払い、安心と平静をもたらします。脳の癒しを助け、薬物やアルコールの影響を改善するには最高のエレスチャルで、多次元的かつ細胞レベルの記憶の癒しをもたらします。

大きいサイズのアメジスト・エレスチャルをヒーリング・ルームのまわりにグリッドとして据えると、エネルギーを強め、ワークを行なう安全な空間にします。ただし、その場所は定期的な浄化が必要です。

成形ポイント

外観	チャクラ	星座
濃い紫色の石にひだとターミネーションがある（人工的に成形された大きなポイントの中に入っていることもある）。	高次の宝冠とさらにその上	魚座

スモーキー・エレスチャル

特性：スモーキー・エレスチャルは精神世界の有益なヘルパーとコンタクトし、多次元にわたる存在の旅をしているあいだ、あなたを守り導きます。保護、グラウンディング、強力な浄化を行い、あなたを過去世へと導き、力を再生し、ネガティヴなものを浄化し、あなたを隷属させているものから解き放ちます。カルマの呪いや捕らえて離さないもの、すでに効力を失った魔法の儀式を解放します。中でも、リフレイミングや過去世療法におすすめで、現世の調整にも同じように効果をあらわし、なかでもアメジストと組み合わさった時は、深い多次元にわたる細胞レベルの癒しをもたらします。

スモーキー・エレスチャルはネガティヴなエネルギーを拭い去るのに最高の道具で、その影響をおさめて、過去世のトラウマを現在の肉体から取り除き、霊的な計画とオーラを癒します。この石は先祖代々からのトラウマや心の傷を浄化し癒します。

成形ポイント

外観	チャクラ	星座
煙のような灰色もしくは茶色で何層ものひだとターミネーションがある。 大きなポイントの中に入っていることもある。	すべてを浄化する、基底	蠍座

キャンドル・クォーツ

特性：キャンドル・クォーツは、惑星と、地球を助けるために肉体をもったものたち、また地球に住む人々に光をもたらすといわれています。波動を移動させ、魂の目的をはっきりと示し、人生の道に焦点をあて、太古からの智恵を実行に移す助けをし、守護天使を引き寄せます。スピリチュアルな豊かさを引きつけたり、家に光をもたらしたりするようにプログラミングできます。現在の肉体に居心地の悪さを感じるのであれば、キャンドル・クォーツが自分の体を好きだと思えるようにしてくれます。

これは成長を促す石で、憂鬱や絶望的な気分を追い払い、落ち着きと自信を強め心を癒します。感情や精神の悩みがいかに肉体に悪影響を与えるかについて理解する助けとなり、細胞レベルの記憶をプログラムし直します。明瞭さを取り入れ、内を探り真実を見つける助けをし、個人的な啓示を求める際には水晶占いの石としても使用できます。

効能：セルフ・イメージ、炭水化物や栄養をエネルギーに変える、インシュリンを調節する、頭痛。

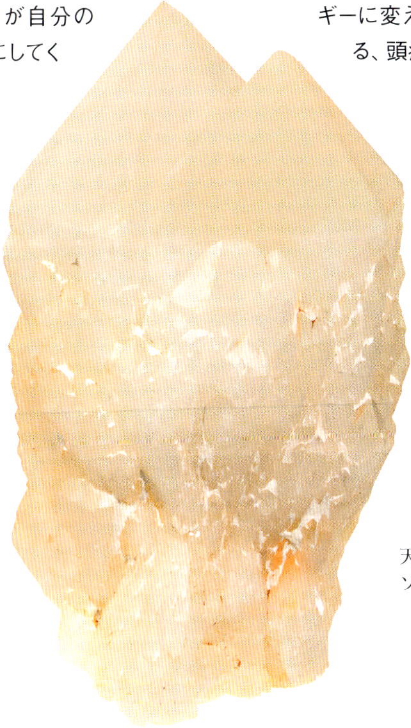

天然の
ソウルメイト・ポイント

外観	チャクラ	星座
不透明なポイントが溶けたロウで覆われている。	すべて	牡牛座

ファントム・クォーツ

特性：宇宙の気付きとひじょうにたくさんの魂の人生を象徴するファントムは、変化を促します。何層にもなったファントムは、様々な次元を通り最深部にある自己に届く旅に連れていき、重なる層をそぎ落としてあなたの核を明らかにします。惑星への癒しを刺激し、有害な地形のパターンを再調整し、癒しの力を活性化させます。アカシック・レコードを使って、過去世を読み、抑圧された記憶を回復して過去を納得のいくものにします。世と世との間を行き来し、現在の魂の計画を見つけて次の段階を見極め、霊的な計画を通して肉体の癒しを手に入れます。あなたとあなたの影を融和させ完全なものにします。

何層にもなったホワイト・ファントム・クォーツは高次の領域と地球との光や情報の伝達を拡大すると考えられており、はるか彼方からの癒しが届くように受け手を開放します。ホワイト・ファントムはサイキック医療で使用されており、悪影響を持つカルマの層を取り除き、恵みのカルマへの道を開き、細胞レベルの記憶の癒しを実現させます。

効能：ガイドとのコンタクト、瞑想を高める、染みついた様式を解き放つ、聴覚障害、透聴。

〈シャーマン〉・ファントム・クォーツ

ホワイト・ファントム

外観	チャクラ
ぼんやりとしたクリスタルで三角形か色の斑点がある。	色に合わせて様々

デジライト

特性：デジライトはレアな石で、「上にならい、また下にもならう」といわれるように、古代の占星術と錬金術の上下相互のやりとりに関する教えを象徴しています。力強くグラウンディングするとともに、ひじょうに高次の波動へとあなたを案内します。親指で石を上に向かってこすると深い瞑想状態に入ります。ファントムはエレベーターのような働きをし、異なるレベルに次々とアクセスできます。デジライトは天使やアセンデッド・マスターのワークに適した石であり、また星の歴史をさかのぼって様々な命にアクセスするのに最高の石です。マスターの数字である44と共鳴し、メタモルフォーゼや多次元の変容につながり、聖なるものが霊的なものとからみ合っていることを理解させます。

ただし、クリスタル・ヒーリングのレイアウトの一部として使用しても、あまり効果はありません。単独で用い、セッション終了後に調整したりバランスを整えたり、細胞レベルの記憶の再構成に使用することをお勧めします。

スライスしたポイント

外観	チャクラ	数字
透明なクォーツに、オレンジ、茶、白、青のファントムを伴う。	すべて	44

レッド・ファントム・クォーツ

特性：レッド・ファントム・クォーツはライモナイト（96頁参照）や、ヘマタイト、ヘマタイト入りクォーツ（68頁参照）、また時にはカオリナイトのインクルージョンです。植えつけられたエネルギーを取り除いたり、オーラの“溝”を治したりするのに有効な石です。このファントムは下位のチャクラに活力を与え、これらのチャクラを太陽神経叢と統合し創造力を支えます。心の痛みや過去世のトラウマを解放し、情緒面の機能不全を癒します。レッド・ファントムは心に安らぎを与え、肉体を元気づけます。幼少時代に生き延びるために心を閉ざし押さえ込んできたものを自分に感じさせることでインナー・チャイルドを癒し、喜びを取り戻します。なお、インナー・チャイルドを完全に癒すために他の石もあわせて必要になることがあります。

チャイニーズ・レッド・ファントムはヘマタイトからできており、実存的な絶望を乗り越え生命力と活力を肉体に蓄えなおすのにうってつけの石です。ビジネスにおいて有効で、金銭面での安心を高めます。また忍耐力を促進し、フラストレーションを克服します。知識が豊富なアース・ヒーラーが使用すると、星を安定させます。

天然の形状

外観	チャクラ	星座
硬い赤色のポイントもしくはインクルージョン。	基底、仙骨、太陽神経叢	牡羊座

オレンジ・ファントム・クォーツ

特性：オレンジ・ファントムはクォーツとカーネリアンが組み合わさったもので、浄化作用や豊かさを引き寄せる力が強く、虐待を乗り越え、あなたを守り、いまの現実にしっかりと足をつけさせます。ひじょうにエネルギッシュで活力を取り戻す働きがあり、何かに依存しがちな性格を克服させ、「もっと、もっと」と求めることを止め、回復に集中させます。本当の自分を手に入れるのを助けます。この「自己」の感覚とのつながりが戻れば、その洞察力を日常生活に活かすことができます。

ポイント

外観	チャクラ	星座
固体もしくはピラミッド状のクリスタルが中に入っている、もしくは色の斑点がある。	基底、仙骨、太陽神経叢、第三の目、心臓	獅子座

リヴァースド・オレンジ・ファントム・クォーツ

特性：カーネリアンがクォーツのまわりに融合してできたものですが、カーネリアンはほとんど見えません。リヴァースド・オレンジ・ファントムは自身の内なる働きや宇宙の本当の意味を明らかにします。不調和や中毒の起こっている部位、微細ながら原因となっている場所を肉体上で示すため、診断の際に役立ちます。人生のコントロールや、長期にわたる支えや活力が必要なときに助けとなる石です。

成形ポイント

外観	チャクラ	星座
内部の透明な核のまわりにオレンジのクリスタルがある。	基底、仙骨	獅子座

イエロー・ファントム・クォーツ

特性：イエロー・ファントムは記憶や思考パターンを思い出し整理する際に心の助けとなります。インクルージョンはライモナイト（96頁参照）で、あらゆる知的活動を刺激します。このファントムは現世またはほかの世で生まれた精神的執着を効果的に取り除きます。

天然のポイント

外観	チャクラ	星座
ぼんやりとした黄色のクリスタルが中にある、もしくは色の断片のようなものがある。	第三の目、宝冠、過去世、太陽神経叢	双子座

スモーキー・ファントム・クォーツ

特性：スモーキー・ファントム・クォーツは、自分の魂のグループを旅立つ前へとあなたを連れて行きます。カルマやスピリチュアルな使命を果たすために同じ魂のグループの人々を引き寄せ、たとえネガティヴなエネルギーがグループの目的の邪魔をしたとしても、本来の目的に到達させます。個人的な問題やパターンが生じる以前にあなたを連れて行き、全体と再度つながりを持ち、シャーマンやワイズ・ウーマンの人生にアクセスし、カルマの叡智を高めます。

天然のポイント

外観	チャクラ	星座
ファントムのような煙色のポイント、もしくは透明なクォーツの中にインクルージョン。	過去世	蠍座

ブルー・ファントム・クォーツ

特性：ブルー・ファントム・クォーツは地球上の人々の間（各人にクリスタルが必要です）、また大地と霊的な領域の間でのテレパシーによるコミュニケーションを強めるのに最適の石で、異なる次元を旅し、それらの領域から知識を持ち帰るのを助けます。このファントムは調和する力や洞察力、明瞭さを深めるので、いかなる直感も支えます。自分が完全なる世界の一部だと感じられるように、思いやりと寛容さで他人に救いの手を差し伸べられるようにします。

ファントムがデュモルティエライト（138頁参照）からできたものであれば、ブルー・ファントムはこのがっしりとしたクリスタルの性質をすべて含んでいます。

効能：怒りを和らげる、不安感、喉、内分泌や新陳代謝のシステム、脾臓、血管。

成形ポイント

外観	チャクラ	数字	星座
内部にぼんやりとした青色のポイントもしくはインクルージョン。	喉	77	射手座、水瓶座

ブラック・ファントム・クォーツ

特性：ハーキマーとチベット・クォーツが組み合わさってできたエネルギーにあふれるブラック・ファントム・クォーツは、きわめて高次の活発な波動を持っており、サイキックかつ内的な視野をすばやく開きます。

サトル体を肉体と調和させ、チャクラのライン上にあるエネルギーの溝を埋めていきます。

この純化した石は、体と自己に流れ込むグラウンディングと中心を定めるエネルギーを持っており、現在の肉体が発展するもとになっている霊的な計画の深い癒しをもたらし、経絡を活気づけます。

ヒーラーか過去世療法のセラピストがセッション中に握ると効果があり、洞察力が発揮されます。この石はアカシック・レコードにアクセスし、古代中国の叡智に触れ、現世で直面している不調和やカルマの課題の原因となる過去世での理由をはっきりと見せてくれます。（ヴァージニア産のダブル・ターミネーティドのブラック・ファントム・クォーツが同様のエネルギーを持っています）

効能：経絡にエネルギーを与える、細胞レベルの記憶、オーラのヒーリング、摂食障害、依存・共依存の関係を絶つ、自己の中心を定める。

天然のダブル・ターミネーティド

外観	星座
小さく透明なダブル・ターミネーティドのクリスタルに黒いインクルージョン。	山羊座

アメジスト・ファントム・クォーツ

特性：アメジスト・ファントムを使っての瞑想は、誕生前の状態にあなたを誘い、現世のための魂の計画を知らしめ、最新の肉体を持つためにあった霊的な課題による進歩を評価し、もはや適していないものについては再調整し取り除きます。高次の波動への旅を促し、多次元に作用する植えつけられたものを取り除き、霊的、もしくはスピリチュアルな計画をおさめ、細胞レベルの記憶を再プログラムして、肉体の波動を高めることができます。あなたが聖職者であった世に連れ戻し、霊的な智を手に入れさせます。

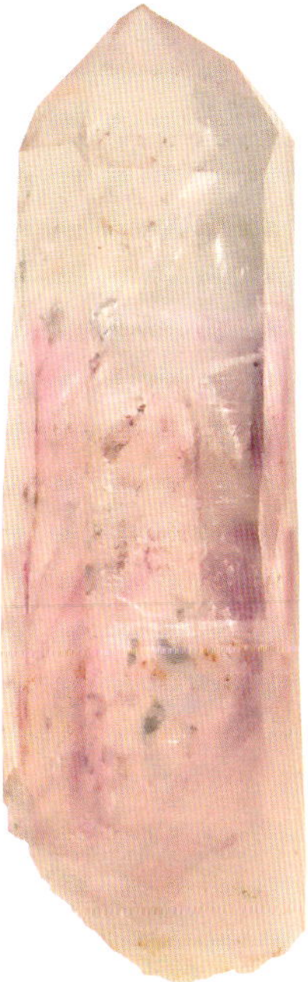

長形ポイント

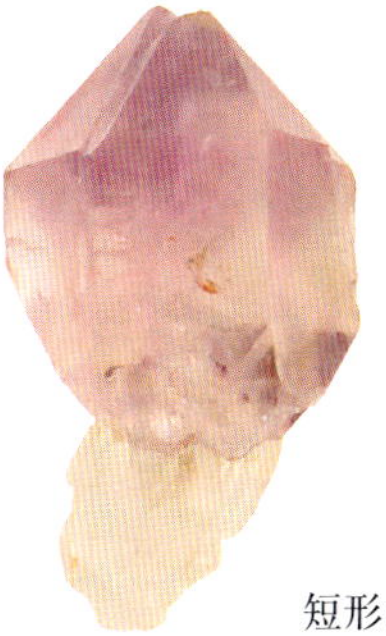

短形ポイント

外観	チャクラ	星座
ぼんやりとした薄紫のポイント、もしくはインクルージョン。	過去世、宝冠	魚座

ピンク・ファントム・クォーツ

特性：ピンク・ファントムは優しい平和の石で、テレパシーを刺激しスピリチュアルな保護を与えるため、友人同士や恋人同士（その場合はクリスタルが2個必要です）、守護霊やハイヤー・セルフとの間の共感しあうコミュニケーションを高めます。このファントムは人生をあるがままに受け入れるのを助け、満足感をもたらす変化を起こします。二人のヒーラーが離れてワークを行なっていても、ピンク・ファントムは二人を強く結びつけます。これは3番目のクリスタルをクライアントが持っている場合、さらに効果があります。

効能：制限、自暴自棄、裏切り、疎外感、心、皮膚結核や他の自己免疫の病気。

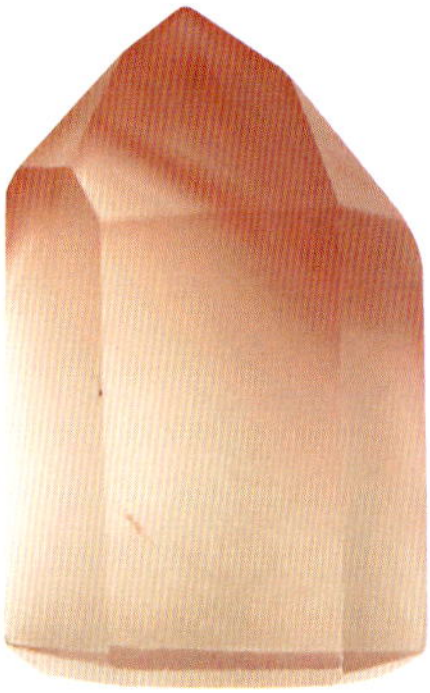

短形ポイント

天然の
覆われた形状

外観	チャクラ	星座
中にぼんやりとしたピンクのクリスタルか色の斑点がある。	心臓	天秤座

グリーン・ファントム・クォーツ

特性：クローライト入りのグリーン・ファントム・クォーツは自己実現を促し、支えられているという気持ちにさせます。ネガティヴなものや環境汚染を吸収し、体においても環境においても、停滞してたまったエネルギーを取り除きます。大きなクローライト・ファントムのポイントを下に向けてトイレのタンクに入れておくと、家全体を浄化します。この石はとどまるエネルギーを取り除き、現世やその他の世での源に近づきます（経験をつんだクリスタル・セラピストの指導のもと使用すること）。

クローライトは自然や母なる地球と深いつながりがあり、環境や地球の浄化に使えます。とくにグリッドとして効果があります。

クローライトからできたのではないグリーン・ファントム・クォーツは、回復過程を早める賢く強力なヒーラーといえます。この石は天使とのコンタクトや透聴のコミュニケーションを理解しやすくするためにも使われます。あなたが自然や自然の精霊たちと強くつながっていた頃に連れ帰ります。

効能：解毒、細胞レベルの記憶、回復期、双極性障害、パニック発作、絶望感、喘息、新陳代謝エネルギー、慢性疲労、環境による病気。

天然のポイント

外観	チャクラ
内にぼんやりとした緑色のピラミッド状、もしくはインクルージョン。	大地、基底、太陽神経叢、心臓、第三の目、脾臓

インディコライト・クォーツ

特性：インディコライト・クォーツはブルー・トルマリンのインクルージョンがあるため、サイキックな視野を促し、感情の滞りを取り除きます。この石を使って瞑想を行うと、人生の目的やスピリチュアル・ヘルパーに触れることができます。体外離脱を刺激したり、意識の異なる領域を旅するのにうってつけの石で、あなたを高次の波動に導き、あなたの各世の全体像を見せ、なぜ再び生まれてくることにしたのかを理解させます。ヒーラーにとって理想の石で、ネガティヴなものがいつまでも続かないようにし、診断の際や不調和の位置を突き止める助けとなります。このクリスタルは突出して調和が乱れている部分に触れると反応します。不調和のある部位、うっ血のある部位に置いてください。多次元の細胞レベルの記憶にとって最高のヒーラーです。

効能：悲しみ、細胞レベルの記憶、閉じ込められた感情、肺と免疫システム、脳、分泌液のバランスの崩れ、腎臓、膀胱、胸腺、甲状腺、慢性的な喉の痛み、不眠症、寝汗、鼻炎、細菌感染、喉、喉頭、肺、食道、目、火傷。

インクルージョンが少いもの

インクルージョンが多いもの

外観	チャクラ	星座
クォーツのポイントに青い糸状のものが入っている。	第三の目、喉	牡牛座、天秤座

クォーツまたはアメジストに含まれるレピドクロサイト

特性:レピドクロサイトはマニフェステーション(顕現)強化の石で、時空を越えて天使の領域とのコミュニケーションに導きます。エネルギーあふれるクォーツもしくは守護力の強いアメジストの中にレピドクロサイトが入っており、個人的な視点を最高次の善なる存在と調和させ、夢と可能性を顕現します。このコンビネーションはすべてが完璧な状態にあることを約束します。霊的な知覚を活性化するには最適な石で、コンタクトを保ちながら、肉体とエーテル体をつなぐシルバー・コードによってアストラル界への旅を支えます。旅の間魂を保護し、無事の帰還を約束し、旅で得た見識が肉体に意識的にもたらされることを可能にします。またこのコンビネーションはすべての体の気づきを強め、肉体、エーテル体、オーラを調和させます。気づきを持って使うと、あなたは未来に行き、現在の行動が将来もたらす結果を知ることができます。また最高次の存在に行き着き、本当の自己に会うこともあるでしょう。誤った自己のイメージや錯覚を取り除き、真実を認識する力を与えます。ヒーリングにおいては、レイキ・エネルギーの移動や再生の過程を強化し、様々な滞りを取り除き、魂の回復や家の浄化を促します。

天然のポイント

外観	チャクラ
内部に斑点かファントムがある。	すべて

ヘマタイト入りクォーツ

特性：強い〈陽〉の力を持つ、グラウンディングと保護の石、ヘマタイトは、血液にとてもよい効果をもたらし、サトル体にネガティヴなエネルギーが流入するのを防ぎます。スピリチュアルな旅の後、魂が体に戻るのを助けます。ヘマタイト入りクォーツは、エネルギーを与えてくれる石で、活気づけ、励まし、若返らせてくれます。希望をなくしているときには特に助けになり、将来への希望と自信を与えます。心を強くし、集中させ、集中力を高めることで、問題解決や、数学など専門的な事柄に役立ちます。

この石は、自分の存在を印象づけるべきであるのに自信が持てない女性の役に立ちます。ポケットに入れるか、アクセサリーとして身につけましょう。心優しい、愛情に満ちた人間関係を呼び寄せたり、現在の関係をより良いものにしたりするときにも使われます。

効能：陰陽のバランス、血液循環、赤血球の生産、血液の活性化、腎臓、組織の再生、痙攣、不安、不眠症。

ポリッシュ

外観
ファントム、斑点、赤いしみの場合もある。

雲母を伴うクォーツ

特性：活力を与えるクォーツと雲母のコンビネーションで、幾層ものエネルギーを一度に広げ、物事の奥底まで見通す力を与える不思議な石です。直感を高め、それに基づいて実践的に行動できるようにする古来のシャーマニックな力を持ちます。ドリームワークや知覚を極め、精神世界の道をさらに進むことを望むならば、霊的な自己との関係を高め、無条件の愛への変化とつながりを促し、本物の直感を、本能や潜在意識、感情的な自己の持つ無意識の憧れによる強い衝動とは区別する力を高めます。

また、鍼や指圧のエネルギー反応を高めます。雲母を伴うクォーツを体のまわりに動かしていくと、エネルギーが流出している場所を見つけ、封印し、チャクラやオーラの中にあるネガティヴなエネルギーを変化させます。多次元の細胞レベルの記憶を癒す力にすぐれています。

効能：再生、細胞レベルの記憶、摂食障害、運転能力、黄斑変性。

雲母ベースを伴う〈ソウルメイト〉

外観	チャクラ	数字	星座
クォーツに含有されるか、クォーツから出ている雲母のフレーク。	すべてを整える、第三の目、宝冠	3	蟹座

スファレライトに付着するクォーツ

特性：エネルギーの浄化力が強く、心的な負担を取り除き、暗い気分を明るくします。安定の石と呼ばれ、疎外感や孤立感を改善し、バランスを整えます。瞑想状態のときになでれば、洞察力を高め、光をもたらし、旅を容易にします。スファレライトの成分は、偽りを見抜く力を与え、チャネルが開いているかどうか、その他の情報が本物なのか偽物なのかを確認させます。エーテル体を肉体に調和させるため、情報を受けいれやすくなります。スファレライトは、生まれ変わるべき本来の故郷が地球ではない人々の心の支えになり、その人たちを落ち着かせます。いかなる場所でもホームシックを克服します。

スファレライトに付着するクォーツは、体と性格両面の男女のエネルギー・バランスを整え、性の調整、とりわけ最後の過去世とは違う性の肉体に魂が宿っている場合に役立ちます。人前で働く人にとってもすぐれた守護力を持ちます。

効能：公害病、目、神経系。

天然の形状

外観	チャクラ
金属質の灰色の母岩についた晶洞のあるクォーツ。	基底

アホイト

特性：非常に高い波動を持つレアな石で、もともとは南アフリカの鉱山から大量に出てきました。アホイトは宇宙の愛に宿る魂を包み込んでいます。あなたの波動がこの石と調和すれば、深い霊的な啓示と平穏をもたらします。感情体を純化し、永遠の平安を注ぎ込むアホイトは、感情と環境の静穏を生み、有害な感情と古くからの悲嘆を徐々に取り出し、変化させます。胸腺の上につければ、肉体のストレスを解消し、霊的な計画と肉体の調和をはかり、完全に健全な状態に波長を合わせます。自分や他者に対する許しと思いやりが必要であることに気づかせ、争いを解決します。

アホイトは、どのレベルであれ、またどの時期にできたものであれ、カルマによる傷や染みついたものを体から取り出し、そこにできた空間を、無条件の愛でやさしく癒し、細胞レベルの記憶を再構成します。

効能：細胞レベルの記憶、有害な感情の放出、許し、思いやり、平穏、ストレス、細胞構造の再生。

原石

外観	チャクラ	数字	星座
半透明のファントム、または他の鉱石とのコンビネーション。	心臓と喉をつなぐ、第三の目、宝冠	6	乙女座

クォーツに含まれるモリブデナイト

特性：強いエネルギーを与え、浄化し、拡大するという特性を持つクォーツにモリブデナイト（100頁参照）を含有するこの石は、潜在意識の持つ知識を利用し、霊的な洞察力を開き、同時に保護します。

クォーツに含まれるモリブデナイトは、とりわけグループワークに適した石で、複数の人のエネルギーやオーラの調和をはかります。いくつかクリスタルを持って行えば、より効果があり、深い洞察力が得られます。自分がひとりではないことを知る助けになり、暗闇に光をもたらします。

このコンビネーションは、人生から精神的な滞りと肥大した負担を取り除き、夢から洞察力を得るのにとても役立ちます。枕の下に置けば、明晰夢を促します。

天然の形状

外観

不透明な白い母岩の中の小さな金属質の斑点。

クォーツに含まれるエピドート

特性：強いエネルギーを与える特性を持つクォーツに、エピドート（119頁参照）を含有し、希望に満ちたこの石は、持つ人を若返らせ、大きな挫折から回復する勇気を与え、魂の成長に新しい刺激をもたらします。クォーツがエピドートによる情緒エネルギーの浄化を高めることから、カタルシスをもたらす反応を生むためには、経験を積んだセラピストによって行われるのが最上で、作用を和らげるために他のクリスタルが必要な場合もあります。人生で他人の策略的な干渉に陥りやすい人には特に有効です。プログラミングし、ポケットに入れておくかベッドの脇に置けば、最大の効果が得られます。

効能：病気の予後、悲嘆、あざ、捻挫、痛み。

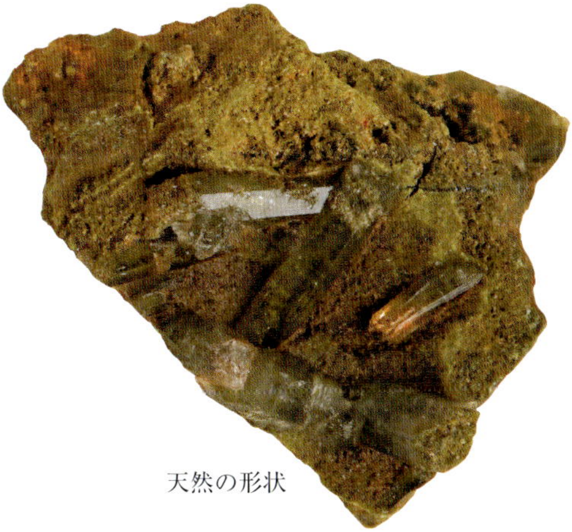

天然の形状

外観	チャクラ
クォーツ中の黒いすじ。	高次の心臓

新しいジャスパー

オーシャン・オービキュラー・ジャスパー

（アトランティス時代の石）

特性：2000年にマダガスカルで発見されたオーシャン・ジャスパーは、干潮時に採掘されます。そのため、アトランティス時代とつながり、神秘的な知識を内に持つといわれています。「最高の養育者」として知られるジャスパーは、持続、支持、統一という一般的な特性を持っています。体内でエネルギーをグラウンディングさせ、チャクラとサトル体と経絡を整える力にすぐれ、シャーマニックな旅を後押しします。あらゆるネガティヴなエネルギーからも守ってくれます。

オーシャン・ジャスパーは、月と太陽とそれらに関連した蟹座と獅子座をつなぎ、過去と現在を結合させます。隠れた感情的な自己と外面に現れている性格をつなぎ合わせ、完全なるものにつくりあげます。この石を使った瞑想は、あなたを過去に連れて行き、自分の智を取り返し、当時誤って使っていた霊的な力を再構成し、変容させます。渦巻き模様は、すべてのものの相互のつながりを象徴し、人類への奉仕を支えます。再生と強さの石であり、自分と他者を愛する力を与え、他者の感情的・精神的要求に共感しつつも、客観的で冷静でいられるようにします。

自然が周期的で、リズミカルで、流動的なものだと思い出させ、必要な変化に対処する力をもたらします。穏やかに育むエネルギーで、長いあいだ隠されていた未解決の感情的な問題を表に出し、前向きに未来に向かうのを助け、自分への責任を受け入れさせます。循環するような円の模様は循環する呼吸と共鳴し、呼吸を楽にし、循環するものとは何でも共鳴します。とりわけリンパの流れをよくします。

この石は、体臭の元になる毒素を排出するといわれています。晶洞のあるクォーツがこの石の中にあれば、癒しの力と回復力を高め、強化します。グリーン・ジャスパーの成分は、不調和と執着を癒して取り除き、他者の害に対して大きな意味を持つあなたの人生の部分のバランスを整えます。

効能：忍耐、解毒、ストレス、免疫システム、リンパ、血液循環、衰弱した内臓、女性生殖器、月経前症候群、消化、腫瘍、歯肉炎、湿疹、のう胞、風邪、幻覚、不眠症、毒性、炎症、皮膚疾患、むくみ、上半身、消化管、浄化器官。

外観	チャクラ	数字	星座
不透明な石に、渦巻き、等高線のような模様、帯がつき、晶洞が点在する。	心臓、太陽神経叢	6	蟹座、獅子座

スライス、
ポリッシュした原石

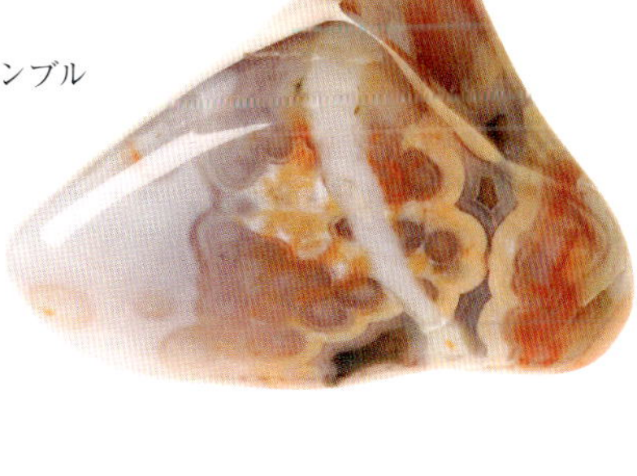

タンブル

レパードスキン・ジャスパー（ジャガー・ストーン）

特性：レパードスキン・ジャスパーは、光と闇のバランスを是正するといわれています。光と敵対するものではなく、光を補完するものとしての価値を、闇に見い出します。両方の世界を行き来する、姿を変える者の石です。

現世以前に交わされたカルマの取り決めや魂の契約を果たす大きな助けになります。その契約がもはや適切なものではなくなった場合は、この石が、その期限や目的の無効化や再調整をします。また、外の世界をシャットアウトして知覚に集中し、自分の内なる声に耳を澄ますように促します。反対に、外の世界をあらわにすることで、根深い思いあがりをはっきりさせ、あるがままを見ることを教え、自分の状況をもっとはっきり評価するようにします。

この石は不安を取り除き、感情体を癒し、自立心を高めます。受動性と能動性、霊性と感情のバランスを整える必要があるときに最適です。人生の輪郭を描くことで、困難を乗り切り、目標に到達するよう促すあいだ保護を与えます。体が本来持っている抵抗力を高め、健康維持に役立ちます。

この石は、先住民と彼らに息づく叡智と癒しの方法に対して尊敬の念を起こさせ、人間と動物の世界のつながりを開き、維持し、環境の調和をもたらします。

効能：細胞レベルの記憶、罪悪感、恐怖、不眠症、感情的ストレス、組織の再生、保護、消化過程、12螺旋のDNAによるヒーリング、排泄、腹痛、皮膚疾患、腎臓、胆石。

タンブル・ストーン

外観	チャクラ	数字
不透明でヒョウ（レパード）に似た模様。	基底、心臓、宝冠	8

レインフォレスト・ジャスパー

特性：レインフォレスト・ジャスパーの香りを嗅ぐと、すぐに自然とつながれます。特に細胞レベルの記憶に対して自然の癒しを与え、植物の活動に目を向け、遠い昔の薬草治療の知識を呼びさまします。特に女性を通じて知識を伝え、先祖の女家長につながることで、生きる指針になっていた家族に伝わる神話をよみがえらせます。魂のレベルで迷っているなら、この石があなたのルーツに戻し、自分自身をあらためてつなぎとめ、自分の状況を客観的に再評価させてくれます。

レインフォレストは感情的なバランスを整え、心を休める力を持つ〈存在の石〉で、苦労せずバランスの取れた状態に戻り、自分を変えずにありのままを受け入れさせます。レインフォレスト・ジャスパーは、湿気のバランスをも整え、じめじめしすぎも乾燥しすぎもしない状態をつくります。

効能：自尊心、客観性、明快さ、想像力、創造力、細胞レベルの記憶、インフルエンザ、風邪、湿気に対する敏感さ、ウィルス感染、水分バランスの崩れ。

原石

外観	チャクラ
コケのある不透明の石で、土のにおいがする。	大地、基底、脾臓

新しいアゲート

ツリー・アゲート

特性：グラウンディグ力と鎮静力の強いツリー・アゲートは、大きな努力を強いられるような状況に安心感を与え、ネガティヴなものから守ります。力を分け与え、精神力の強さと冷静さで苦境に立ち向かえるようにし、その苦境の中心にこそ自らに与えられたものがあることに気づかせます。ポジティヴな自我とゆるぎない自尊心を与えてくれます。土を癒す力に優れ、どんな種類の草木にも適し、草木が生えている場所のまわりにグリッドとしても使用できます。この石は、自然の生育エネルギーと精神に強いつながりを持たせ、生命力と忍耐力をよみがえらせ、生きる物たちとの関係を高めます。

免疫システムが弱り感染しやすい時には、ツリー・アゲートを胸腺の上にテープで貼り、一晩そのままにします。

効能：安全、免疫システム、細菌感染。

原石

タンブル

外観	チャクラ
緑の斑点がついた不透明な白い石。	高次の心臓

ボツワナ・アゲートとグレイバンデッド・アゲート

特性：帯状の模様のあるこれらのバンデッド・アゲートには共通した特性があります。第三の目に置くと、過去の関係を利用して現在もコントロールするグルやパートナーや親との心的絆を断ち切れます。またそのような状況で失われたエネルギーを元に戻すにも最適で、より高次の生命エネルギーを引き寄せ、オーラを守ります。特に肉体、情緒、精神に受けた過去の屈辱といった細胞レベルの記憶を癒し、再プログラミングします。

家のまわりにグリッドとして置くと、体外離脱が起こるのを防ぎます。石に描かれた帯が、別の現実、異なる意識の流れ、または別の人生へと導き、多次元の癒しや魂のワークに特に有益です。

自分や家族を守り、客観的で押し付けがましくない、支えとなる愛を育むようにプログラミングしましょう。

バンデッド・アゲートは、宝冠のチャクラを刺激し、オーラ・フィールドに天界と大地のエネルギーをもたらし、肉体、サトル体、バランス体、心、情緒、精神を調和させ、二元性や葛藤を取り除き、幸福な状態を維持します。かつては肉体、感情、心を冒す中毒を克服するのに使われた石でもあり、傷つきやすい人によく効き、問題よりも解決法に目を向けさせます。視野を広げ、細部に的確な注意を払いながら、未知の分野を開拓していきます。ボツワナ・アゲートは、火や煙に関係している人、特に喫煙者と禁煙したいと思っている人にうってつけの石です。バンデッド・アゲートはクモを追い払うといわれています。めまいを感じるようなら、すぐに使用をやめてください。

効能：芸術表現、細胞レベルの記憶、うつ症状、感情的抑圧の解放、解毒、官能性、多次元のヒーリング、性欲、生殖能力、脳、酸素吸入、胸部、循環器系と神経系、皮膚。

ボツワナ・アゲート

グレイバンデッド・アゲート

外観	チャクラ	数字	星座
細い帯の入った不透明な石（ボツワナのほうがグレイバンデッドより濃いピンク）。	宝冠	3	蠍座

新しいカルサイト
ヘマトイド・カルサイト

特性：ヘマタイト（68頁参照）の安定させ落ち着かせる力と、カルサイトの保護と浄化のエネルギーが一緒になったヘマトイド・カルサイトは、グラウンディングと同化を要するエネルギーが流入したときに役立つ石です。5分から10分ほど、あるいはエネルギーが安定するまで、手に持つか、基底のチャクラの上に置きましょう。部屋のまわりにグリッドとして据えるか、強いエネルギーの場、特にエネルギーがぶつかり合う場所に入るときにいつでも持っているようにすれば、まわりの環境をすばやく浄化し調和します。

ヘマトイド・カルサイトは記憶を支える石なので、物をなくしたときや、誕生日や名前を思い出せないときに役に立ちます。

効能：記憶、血液の浄化と酸素供給、ストレス。

原石

外観	チャクラ
大きな四角い断面がついた、赤みを帯びた黄色の不透明な結晶。	高次の宝冠、太陽神経叢、基底

コバルト・カルサイト（輝コバルト鉱）

特性：カルサイトはエネルギーを拡大し、浄化する力が強い石で、成長を促し、より高次の気づきを開き、情緒的な知識を高めます。かつてはゴブリンとつながっていた石ですが、クリスタル・ヒーラーたちは、コバルト・カルサイトが無条件の愛と許しを象徴していると考えます。この石は感情の癒しに優れ、激しい気持ちをなだめ、自分も他者も愛するようにし、自分の人生にいい感情を持つようにします。この美しいクリスタルは知識と情緒を調和させ、考えを行動に移させます。穏やかなコバルト・カルサイトは、心と頭を結びつける自己発見の石で、もって生まれた才能や人生の目的に気づかせてくれます。他の人たちや惑星のことを心配している人や、希望をあきらめてしまった人に特に支えとなる石です。遠隔ヒーリングにはコバルト・カルサイトを写真の上にのせ、ピンクの光を相手に送るようにプログラミングすれば、その人があるべき姿になったり、感情的な障壁を乗り越えたりするのを助けます。

効能：感情的成熟、養育、傷跡、傷心、孤独、悲嘆。

母岩上の原石

外観	チャクラ	数字	星座
母岩上の小さく透き通るピンクの結晶。	心臓	8	蟹座

アイシクル・カルサイト

特性：オレンジと白のカルサイトが混じったアイシクル・カルサイトは、物事を新しい方法で見る力を高め、創造力に火をつける案内役になるクリスタルです。恐怖心をなくして未来に足を踏み出し、自信を持って目的を実現できるようにします。

すべてのカルサイトと同様に、アイシクル・カルサイトもエネルギーを拡大する力が強く、浄化の特性を伴うため、よどんだエネルギーをすばやく取り除き、活力を戻してくれます。アイシクル・カルサイトの白い部分はワンドとして使うと、多次元の不調和や、肉体やサトル体の乱れや滞りを取り除きます。その結果できる“穴”が、オレンジの部分によって修復され、再びエネルギーで満たされます。過去世の不調和に特に有効です。

原石の結晶形

外観	チャクラ
長い指のような形の不透明な2色のクリスタル。	すべてを浄化、 太陽神経叢、第三の目

ヒューランダイト

特性：ヒューランダイトは、前進したいときに最適な石です。過去に連れ戻してネガティヴな感情を取り除き、喪失からの回復や、特に細胞レベルで深く根づいている癖や習慣を変え、かわりに新しい方法を受け入れる寛大さと刺激的な可能性を取り入れます。とても華やかな石で、プログラミングし、自分のまわりに置いておけば、求めていた変化を静かにもたらしてくれます。

この石はあなたを過去に連れて行き、レムリアやアトランティスの古代の知識や技術を得て、自身の過去世にアクセスさせます。次元間の空間移動を助け、アカシック・レコードの読解を容易にします。

効能：細胞レベルの記憶、移動性、体重減、成長、脚、血流、腎臓、肝臓。

原石の結晶形

外観	チャクラ	数字	星座
母岩上の、透明、あるいはガラス質の不透明な真珠の光沢をもった結晶。	太陽神経叢、ソーマ	9	射手座

新しいセレナイト
ピーチ・セレナイト

特性：情緒的変化のこの石は、純粋で高いスピリチュアル・エネルギーあふれるセレナイトの特性をそなえます。強い浄化力と治癒力を持つため、昔からのトラウマに陥っている人や自分の人生を見つめなおしたい人、特にまわりの状況から天上界への旅が必要になっている人にとっては最適な石です。いつ起こったものであれ、放棄、拒絶、孤立、裏切りといった問題を引き出し、育成する力で、そのエネルギーを変え、癒し、許し、受容をもたらします。この石は、無意識のうちに不快な状況に甘んじ、よくなろうという努力をせず、心身の原因を突き止めようともしない人の役に立ちます。

プルート（冥王星）の変化する炎と、その妻、ペルセポネの現実的な知恵を象徴するピーチ・セレナイトは、自己の気づきと新生活への革新的な飛躍にぴったりの石です。誕生、死、再生のサイクルへの深い洞察力を与え、すべての女性に神聖さへの道を開きます。思春期や出産といった変化の時期に月に感謝を捧げる儀式に最適です。

原石

外観	チャクラ	星座	星
細かいうねのある不透明な石。	すべて、特に太陽神経叢と仙骨	蟹座	冥王星

セレナイト・ファントム

特性：セレナイト・ファントムは、他のファントムと同様、魂の核に覆いかかるものをすべて取り除く一方、最高次の霊的な波動でワークを行うときには、真の霊的な自己とその全体の発展目的をつなぐ働きをします。セレナイトの純粋さと高次のスピリチュアル・エネルギーという特性をそなえ、心を澄ませて、精神的・肉体的に抑圧されないように保護する力を持ったファントムは、心的・精神的混乱を明らかにし、カルマのもつれを取り除きます。それによって得た洞察力はグラウンディングを行い、石の太いほうの端を向けて肉体に取り入れます。また石のポイントを向ければ、カルマの残骸を切りつけます。その場合、ワンドとして使い、特に細胞レベルの記憶を引き出し、再プログラムミングすれば、感情的不調和を解消します。そうして再生と新しい生命の象徴として働きます。

効能：細胞レベルの記憶、脊柱の整列、関節の柔軟性、水銀毒の中和。

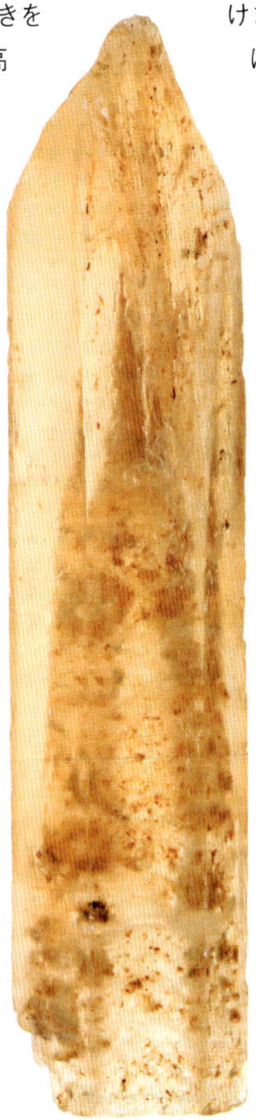

天然ポイント

外観	チャクラ	星座
透明なセレナイトに含有された堅い結晶。	すべて	蟹座

新しいカイアナイト

ブラック・カイアナイト

特性：完全な肉体を持ってこの地上の世に生まれ来るため、また世と世の間を行き来し現世の、または必要によっては他の世の人生計画を知るための効果を持つ石です。ブラック・カイアナイトは、現在の選択の結果によってもたらされる来世を見せることで、今つくっているカルマを知らせ、計画の結果を予見する手助けをします。精神やオーラの浄化に特に力を発揮し、石の浄化は必要ありません。ワンドとして使えば、石の筋がサトル体からネガティヴなものを即座に取り除き、チャクラを整え、グラウンディングを行い、肉体から不調和とよどんだエネルギーを引き出してポジティヴなエネルギーを満たし、細胞レベルの記憶を再プログラミングします。地球との強いつながりを持つブラック・カイアナイトは、地球の癒し、環境保護を支え、地球の進化を助ける人たちとつながりを持ちます。細胞を全体的な聖なる計画と関わらせ続けて、健康を維持するといわれています。

効能：環境の解毒、心的浄化、泌尿器と生殖システム、筋肉、副腎、喉、副甲状腺。

原石

外観	チャクラ
筋のついた不透明な石。	すべてを整列、 グラウンディングさせる

クリスタライン・カイアナイト

特性：この活発な石はとても軽く速い波動を持ち、浄化の必要がなく、高位のチャクラと心をすばやく活性化し、人生の道と本当の使命に導いてくれます。すべてのカイアナイトと同様、クリスタライン・カイアナイトも、すばやく深い瞑想状態に入らせ、メタフィジカルな才能を開花し、あらゆる種類の多次元のつながりをもたらします。

人間関係を長続きさせるために地ならしをするのに有用な石ですが、そのためには各自がひとつ、つまり2つの石が必要です。この石は、その2人の間の適切なテレパシーや直感によるコミュニケーションを高め、その関係に調和と無条件の愛をもたらすようにプログラミングできます。サイキックなスパイとして使うときは、誠実な目的で使わないと、持っている人間にはね返ってきます。

効能：卵巣や排卵時の痛み。

ポリッシュ

外観	チャクラ	数字
薄い筋のついた透明な青いクリスタル。	すべてを整列させる、高次の宝冠	2

新しいオパール
オレゴン・オパール

特性：きわめてスピリチュアルな石で、オパール特有の宇宙の意識の波動を持ち、次元間の移動を容易にします。過去世への探求を促す内省的な石で、ある世で努力したことが別の世で戻ってくることを示し、過去の悲嘆、現世や他の世でのトラウマ、落胆を解き放つのに特に優れています。

この石は、他人の嘘、また自分の自己欺瞞や迷いから出てきた嘘を見抜きます。感情体を浄化し、ポジティヴな情緒の幅を広げ、感情の安定剤として働き、純粋なオパールよりその効果を穏やかに発揮します。

効能：浄化、粘液過多、発熱、目。

原石

外観	チャクラ
母岩上にあることが多い乳白色の石。	喉、太陽神経叢、心臓

ジラソール（ブルー・オパール）

特性：すばらしいヴィジョンを与えてくれる石で、現在の困難の解決法を明らかにします。とくにその困難が、過去には語れなかったことで生じた場合、あるいは自信のなさによって抑圧されていた場合に有効です。ジラソールは、魂同士の結びつきを高め、それが現世でいかに大切なものかを教えてくれます。

ジラソールは、とりわけ過去世の経験や傷が現世に影響を与えている場合に有効です。それらが霊的な計画に沿って癒されるのは、ジラソールが傷跡を消し、肉体の症状を解放し、細胞レベルの記憶を癒していくときです。

情緒の慰めとなるこの石は、霊的な目的に再調整し、あらゆるコミュニケーションを高めます。知らずに持っていた隠れた感情やサイキックな影響力を指摘し、不満の奥底にある原因を知らせ、様々な境界を強め、情緒面で必要としていることを満たす方法を教えてくれます。

創造性を刺激することに優れ、ワークと瞑想のための静かな空間をつくります。

効能：パニック、恐怖症、創造性、細胞レベルの記憶、鉄分の吸収、視力、疲労、代謝、脱毛、リンパ節。

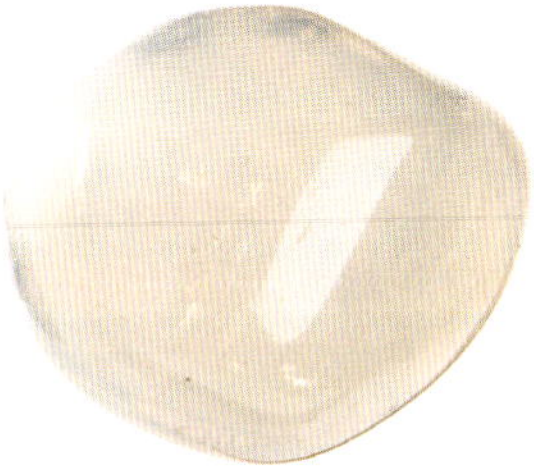

ポリッシュ

外観	チャクラ	数字	星座
透明でゼリー菓子に似たもの、不透明なものもある。	第三の目	3、9	牡牛座

アンデス・ブルー・オパール

特性：オパールの密度の高い霊的な波動と、愛と情熱へのつながり、生きる意志を強める能力を持つアンデス・ブルー・オパールは、最高善のための行動力を高め、心からのコミュニケーションを刺激し、オーラ・フィールドを和らげ、他者とのつながりやコミュニケーションを強めます。現世や他の世で負った感情の古傷を癒すことや、困難な時期やストレスの中での内なる平安を見つけることに役立ちます。旅に最適の石で、リラックスして受け入れられるようにして催眠性のトランス状態をもたらし、予言力や透視力を高めます。

地球を癒す必要性に気づかせ、その癒しを容易にし、肉体やサトル体の中で変化する波動を明らかにし、形を変える人にとって役に立つ石です。

効能：“正しい行動”、細胞レベルの記憶、パーキンソン病、水分保持、筋肉の腫れ、心臓、肺、胸腺。

カット、ポリッシュ

外観	チャクラ	数字	星座
不透明で、 かすかに虹色の青い石。	喉、心臓、高次の心臓 （胸腺）、第三の目	2	牡羊座、乙女座

レインボー・ムーンストーン

特性:直感を開き、感情を静める、月に根ざした「新しい始まりの石」、ムーンストーンの結晶体であるレインボー・ムーンストーンは、宇宙の光の波動をもたらす霊的存在を保護し、人類全体に霊的な癒しをもたらします。ムーンストーン同様、月の周期や満ち欠けと密接に調和し、満月の時にはサイキックな感受性を高めるため、体から離す必要があるかもしれません。レインボー・ムーンストーンは、自分が、つねにめぐり進展していくサイクルの一部なのだと思い出させ、現世の人生計画のみならず、すべての世の計画の中に導いてくれます。見えない世界を見せ、シンボルや同時性を直感的に認識させ、スピリチュアルな才能に目を開かせます。

とくに敏感な人は、この石によって、外部の源からのしかかるサイキックな、あるいは感情的なものに自分を開いたままになる可能性があるので、人ごみでは身につけないほうがいいかもしれません。ただし適切な状況では洞察力をつけてくれます。

効能:女性生殖器とその不調和、体液鬱滞、不眠症、夢遊病、退行性の症状、内臓、目、動脈と静脈。

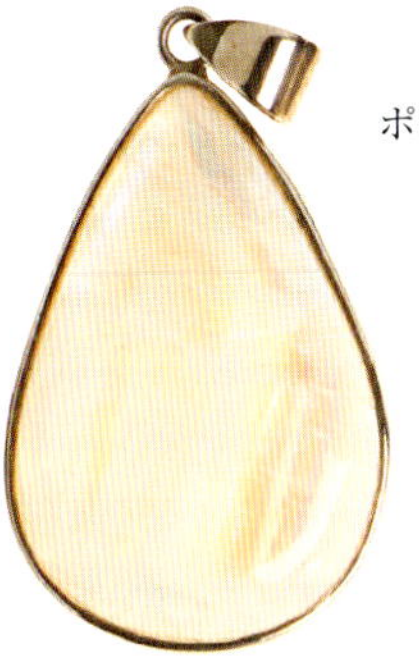

ポリッシュ

タンブル

外観	チャクラ	数字	星座
虹色にきらめく 不透明から透明な石。	すべて	77	蟹座

新しいメタリックストーン
ボーナイト

特性：地球上のすべての生物への関心を呼び起こし、何者に対しても社会的正当性と平等を擁護するボーナイトは、ストレスをできるだけ抑えて障害をやりすごす方法を教え、今この瞬間の幸福を見つけさせます。サイキックな能力を開花させ、内なる知識を高め、直感的なプロセスを信用することを教えます。視覚化を促し、自身の現実を創造するボーナイトは、遠隔ヒーリングの送受をプログラミングできます。送受どちらの場合でも、持つか胸腺の上につける必要があります（銀と合わせるとより効果があります）。

あらゆる種類の再生ワークや、トラウマ的状況に適した石です。心、体、情緒、魂を統合し、関係のなくなったものを取り除きます。ネガティヴなものから守ってくれ、その形を変え、有害な思考の根源を特定して取り除くことができます。

毒性があるため、タンブルの状態で身につけたり使用したりする必要があり、エリキシルの準備には特に注意しましょう。

効能：公平、平和、再生、細胞レベルの記憶、細胞組織、代謝のアンバランス、石灰化した沈殿物の溶解、胃酸過多、カリウムの吸収、腫れ。

タンブル

外観	チャクラ	数字	星座
不透明で金属質、くもったものから虹色のものまで。	すべてを活性化・統合する、第三の目、宝冠	2、4	蟹座

銀に付着するボーナイト

特性：銀はエネルギーを与え安定させる金属で、付着している石の質を強化し、そのエネルギーに適切な力を与えます。銀が女性的な、月に調和した金属なので、神秘的なヴィジョンを映す鏡、水晶占いや霊感のような働きをし、受容力や直感を高めます。銀に付着するボーナイトはアストラル体と肉体をつなぐシルバー・コードの働きを強化し、いつどこへ旅をしても無事に帰還することを約束するため、安全のためにいつも身近に置いておきましょう。第三の目の滞りの原因に迫り再構築することにすぐれています。とりわけ、過去にわざと禁止されたものの場合は、細胞レベルの記憶の再プログラミングを促します。

母親になることや養育の過程、プラトニックあるいはロマンチックな愛を高めます。

原石

外観	チャクラ
金属質のかすかに光る石	第三の目

スペキュラー・ヘマタイト

特性:輝くシルバーブルーの光で、優美なスペキュラー・ヘマタイトの深い灰色部分が引き立ちます。保護してグラウンディングを行うヘマタイトの特性を持つため、高周波の霊的エネルギーを大地に向け、日常の現実に送り込み、サトル体とグロス体の物理的な波動を変化させて、このエネルギーをより効果的に受け入れ吸収できるようにします。この石はあなた固有の精神を地上で明示する助けになり、特別な才能をどこで使うのが最上かを知らせてくれます。

電磁気エネルギーを中和するので、コンピューターのそばに置けば、コンピューターと肉体の相互の影響を調和させ、双方の波動を高めます。

効能:ヘモグロビン、貧血、血液の障害、電磁気によるストレス。

原石

外観	チャクラ	星座
夜空のように暗くきらめく。	大地と宝冠	水瓶座

コニカルサイト

特性：コニカルサイトは銅の結晶形で、それ自体がエネルギーの力強い導管の働きをします。日常の心配事に対する盾になり、直感を刺激します。銅は6千年以上ものあいだ女神ヴィーナスに捧げられてきました。そのため、この石は感情と理性を合わせて、変化に適応できるように調和され、柔軟な能力や内なる力を与えてくれます。

コミュニケーションの石でもあり、瞑想に入るまえに心を静め、世の中に対する心配事を忘れさせ、無限の可能性を明示する道を開きます。この石は地球や自然界とのコミュニケーションも促します。

効能：解毒、粘液、腎臓、膀胱、乾癬、ヘルペス。

母岩上の堆積

母岩上の結晶

外観	チャクラ	数字	星座	星
ガラス質の鉱床か半透明の結晶。	心臓、第三の目、太陽神経叢	3	魚座	金星

ライモナイト

特性：酸化鉄とそれに特性を加える数種類の石（25頁のブッシュマン・カスケード・クォーツ、58、60頁のレッド、イエロー・ファントム・クォーツ参照）の色素が加わったものの一般名称であるライモナイトは、グラウンディングと保護を与える石で、生活を安定させ、特に大変な状況に直面したときに内なる力を刺激します。メタフィジカルな活動中に肉体を守り、心的影響、サイキックな攻撃や強い影響からも守ってくれます。この石は心の働きを促し、頭を鋭くし、混乱をおさめます。ほかの石のサポートを受けることで、テレパシーを高め、インナーチャイルドの癒しを容易にします。昔から脱水症の治療に使われてきたこの石は、どんな形で起ころうと、直面している苦境を取り除く力にもすぐれ、確実に前進させてくれます。戦わずとも安定を促し、法的な状況で味方になります。また若さを取り戻します。

効能：脱水症、浄化、忍耐力、能率、筋骨格系、鉄とカルシウムの吸収、黄疸、発熱、肝臓、消化。

原石

外観	チャクラ	数字	星座	星
ガラス質の高密度の鉱床で、金属性の色、または鈍いさび色。内蔵されている場合もある。	仙骨、基底、大地	7	乙女座	火星

ルチル

特性：ルチルは他のクリスタルに含有されることが多く、そのクリスタルに、体外離脱の旅を促す霊界の波動、またサイキックな保護力や天使と接触する力を授けます。強い浄化作用があり、オーラ層を清め、肉体とのバランスを整えます。問題の根底にダイレクトに向かい、心身の不調和を癒し、慢性病のカルマによる原因を特定し、細胞レベルの記憶を再プログラミングします。人間関係を安定させ、友好関係をゆるぎないものにする誠実な心を生みます。

ルチルの赤褐色は性的な問題の解消に役立ちます。そのような問題の理由に気づかせ、再構成し、解放します（ルチルをへそから手のひら一つ分下に置き、原因を見せるように頼みます。有資格のセラピストの指導があれば容易に行えます）。

効能：授乳、細胞レベルの記憶、血管の弾力性、細胞の再生、気管支炎、早漏、勃起不全、不感症、無オルガスム症。

ルチルの針状結晶を含むクォーツのスライス

外観	チャクラ	数字	星座
金属性の色で透明、多くは粒子が細かく、針状結晶を含む。	仙骨	4	牡牛座、双子座

ブロンザイト

特性：保護とグラウンディングを与えるクリスタルで、無力さを感じるような不調和の状況や自分がコントロールできない事態に陥った場合に役立ち、わがままや攻撃的にならずに調和や自己主張を取り戻せます。

この石は「礼儀の石」といわれ、個人的判断によらない識別力を強め、あなたにとってもっとも大事な選択を示し、決定的な行動を促します。自尊心を高め、ただ存在することを許し、無為の境地に入らせてくれます。

呪いに対して特に効果があるといわれています。ただし、昔からブロンザイトのような鉄を含んだクリスタルは、他人の不幸を願ったり、呪いや呪文をかけたりすると、本人に3倍にして返すとされています。これは呪いをかけるのと、かけられるのを交互に続けるうちに、そのたびごとに強くなるからです。ブラック・トルマリンのように一度で呪いをきれいに吸収して消してしまうようなクリスタルを使うのが賢明でしょう。

効能：男性エネルギー、アルカリ過多、鉄分の吸収。

タンブル・ストーン

外観	チャクラ	数字	星座
不透明で光沢がある まだら模様の石。	すべてを活性化、統合する	1	獅子座

カルコパイライト

特性：「たたくと光る」という意味のカルコパイライトは、持つ者を〈真実の火〉にくぐらせるといわれています。宇宙の深い瞑想や黙想に必要とされる無心の境地に達するための大きな力になり、霊的な知識を吸収させ、古代文明や、現世での問題や不調和の原因とつながりを持たせます。カルコパイライトは、自分の内なる声に耳を澄ましているときに、正しくそれを受け取り、論理的思考を促します。

エネルギーの強い導管であるカルコパイライトは、太極拳で支えとなり、鍼や指圧の効果を高めます。エネルギーの滞りを取り除き、体のまわりの〈気〉の動きを高め、細胞のエネルギーを安定させて、より高い周波数を統合させるからです。この石はなくした物を見つけるといわれており、石自身が姿を消して、別の現実に現れるといわれています。豊かさを引きつけ、繁栄は心の状態であることを示します。

効能：自尊心、自己認識、内なる安全、洞察力、細胞レベルの記憶、エネルギーの滞り、髪の成長、細絡、脳疾患、排泄器官、腫瘍、感染症、RNA/DNA、関節炎、気管支炎、炎症、発熱。

タンブル

外観	チャクラ	数字	星座
不透明な真鍮に似た黄色のクリスタルで、さまざまな色に変化する。	宝冠	9	山羊座

モリブデナイト

特性：夢想家の石として知られ、日常の自己とハイヤー・セルフを統合し、自分の影に向かい合って受けいれ、人格を完全なものにしてくれます。洞察に満ちた夢、あるいは癒しを与える夢を必要としているのなら、プログラミングしたモリブデナイトを枕の下に置いてください。この力強い石は、ワーク中のヒーラーを助け、宇宙とのコンタクトも容易にするといわれています。

サトル・エネルギー体を通した心的レベルで特によく働き、サトル・エネルギー体を修復し、ふたたび満たします。あなたのエネルギー・フィールドに置いておくと、強い電荷を持つため、継続的に充電し、バランスを整えてくれます。ただし、敏感な人は定期的に石を離す必要があるかもしれません。体から水銀毒を除去する力があります。また、水銀を調和させ、より有益な波動を起こす力もあります。

効能：顎の痛み、歯、血行、酸素添加、免疫システム。

クォーツ母岩上のモリブデナイト

外観	チャクラ	数字	星座
金属質の緻密な結晶で、触るとすべすべしている。	第三の目、基底	7	蠍座

スティブナイト

特性：スティブナイトはオオカミのエネルギーを持ち、このシャーマニックなパワー・アニマルとの旅を容易にします。瞑想のときには、肉体のまわりにエネルギーの盾をつくり、不純物から純粋なものを分け、執着やネガティヴなエネルギーを解放します。自分の中心にある貴いものを見せ、困難な状況で能力を発見させるすばらしい働きをします。

とりわけ肉体的な別離のあとで、オーラや肉体に浸透する、現在や過去のしつこい人間関係から伸びる"触手"を除去するのを助けるため、絆を断ち切る儀式や、過去世の解放に役立ちます。特に、かつてのパートナーに「ノー」と言うのが難しい状況で役に立ちます。ただし、絆を断ち切ったあとで次にスティブナイトを持った時、その切断が完全に行われたかどうかをテストするような状況が起きる場合があります。

効能：アストラル体の旅、細胞レベルの記憶、硬直、食道、胃。

天然のワンド

外観	チャクラ	数字	星座
金属質で、針状の扇や刃のような形で、曇っている。	基底、仙骨、ソーマ、太陽神経叢	8	蠍座、山羊座

セプタリアン

特性：エネルギーを育み、静めるセプタリアンは、自己の育成や、他者への気づかい、地球の保護をサポートするのに適した石です。灰色の堆積物はデヴィックのエネルギーにつながっています。

エネルギーを浄化し増幅させるカルサイトの特性と、地球を癒す力とグラウンディング力を持つアラゴナイトの特性と、育成し安定させるカルセドニーの特性を合わせもつ、この喜びにあふれた石は、アイデアを生み出すのを助け、それを実現に導き、根気・寛容・忍耐を教えます。反対に、アイデアはあるものの実行に移さない人の場合は、創造力を根づかせます。

NLP（神経言語プログラミング）に最適の石で、再パターン化と再プログラミングを助け、プラクティショナーにもっとも適切な手段を教えます。霊的なレベルでは、感情と知性を高次の精神と調和させます。

セプタリアンは大勢の前での演説を助け、聴衆一人ひとりが自分に向けて話されていると感じるようにします。石を身につけていれば、聴衆の心をつかめます。また、グループ内でのあなたのコミュニケーション能力を高めます。ドラムやチャンティングの輪の中で、癒しの波動に集中させるときに使われたといわれています。どのようなスピリチュアルなグループでも統合力を高め、ヒーラーは不調和を診断し、原因を探るときに使います。肉体が持つ治癒能力を高めることにも優れています。

効能：季節性情緒障害、セルフヒーリング、細胞レベルの記憶、代謝、成長、腸、腎臓、血液、皮膚疾患、心臓、ジオパシック・ストレス。

外観	チャクラ	数字	星座
透明な結晶や砂状の石が並んだ割れ目の多いノジュール。	心臓と喉と第三の目を統合、基底	66、3	牡牛座、射手座

ポリッシュした卵形、
中心は天然。

ヌーマイト

特性：地球上最古の鉱物といわれているヌーマイトは、魔術師の石です。きらきらする光は外見の向こうにあるものを見せてくれ、これから訪ねる内なる風景をつくりだします。守護の石で、オーラのシールドを強めるため汚染や魔術に対して効果的です。密やかに確実に旅をする助けとなります。車を人目から避け、保護してくれます。力強い石で、敬意を持って正しい目的で使用しなければ、その力がはね返ってきます。過去世でのコンタクトを認識させ、力の誤用によって生まれたカルマの罪をはっきりさせます。ソーマのチャクラの上にのせると、肉体や感情体からカルマの残骸を引き出します。その強い電磁気のフィールドにより、カルマの罪や他の原因で消耗したエネルギーや力をすばやく回復し、自ら負わせたものも含む滞りを消し去り、細胞レベルの記憶を再プログラムします。過去のごまかしや呪文によるもつれを断ち切り、他者の心得違いの保護から生まれた困難を取り除き、真の自己とあらためて結びつけます。思考を再プログラムし、自分の保護に責任を持たせます。尊敬と名誉を教え、現在の生活に関係した義務や約束を果たさせ、思いがけない同時性を促します。この石はオーラを肉体と調和させ、地球外生物や魔力による心的な刷り込みを除去します。

効能：変化、直感、不眠症、ストレス、退行性疾患、脳、組織再生、三焦経の強化、パーキンソン病、頭痛、インシュリン調節、目、腎臓、神経。

スライス、ポリッシュ

外観	チャクラ	数字	星座
光を発する 不透明な漆黒の石。	すべてを開放、統合する。 過去世、ソーマ	3	射手座

ノヴァキュライト

特性：昔から砥石や矢じりとして使われていたノヴァキュライトは、精神や魂を砥ぎ、強く焦点を定めた強力なエネルギーの光線をつくります。この石はひじょうに明るく高次のエネルギーを持っており、天使とのコンタクトや多次元の旅を促します。電磁気エネルギーを管理するのにすぐれ、エーテル体に有益で、霊的な計画からはずれた不調和を取り除き、必要な改善を行うのに役立ちます。どんなに恐ろしく思えるような状況においても〈賜物〉を見つける助けになります。

絆を切る究極の道具でもあり、滞った部分や問題の中、また霊的に人をつなげている絆の中を切り開いていきます。チャクラで使うと、不要な絆を切り、そこを癒します。エーテル体では、ノヴァキュライトを使ったサイキック医療が行えますが、かみそりのような鋭い刃型をしているので注意が必要です。施術は有資格ヒーラーに行ってもらいましょう。

繊細な手触りで、肉体、特に皮膚や、まわりの環境に体系と弾力性をもたらします。とても穏やかな落ち着かせる石で、絶望の深みにいる人や、強迫観念にとらわれている人に有益です。サービス業の人の役に立ち、買う人にも売る人にも本人の磁力を高めさせます。この石は星々の間のコンタクトを高め、古代の言語を解読させるといわれています。ノヴァキュライトはヌーマイトと合わせるとより力を発揮します。

効能：新しい視点の獲得、細胞レベルの記憶、うつ状態、強迫観念、いぼ、ほくろ、悪寒、細胞構造、健康な皮膚。

原石のフレーク

外観	チャクラ	数字	星座
光沢があり、半透明から透明で、蝋のようになめらかな手触り。	宝冠と宝冠上部、すべてを開き、エネルギーを与え、整列する	5	蠍座

ダトライト

特性：あらゆる物事のはかなさを見せて受け入れさせ、「これもまた過ぎ行く」ということをわからせます。したがって、激しい変化に見舞われているときに身につけると効果的です。学習能力を向上させる問題解決の石で、その特質には、思考を明瞭にし、集中力を高めることも含まれ、適切なものの詳細を記憶する能力を高め、適切でないものを捨てる術を教えます。成熟した思考や思考の流れを高めます。

ダトライトを使って瞑想すると、霊的なDNAで暗号化された情報の回復を促し、先祖の行動様式や行事、また魂や遠い過去の記憶も取り戻します。この石は持つ者を愛する人に近づけるといわれています。

効能：集中力、細胞レベルの記憶、糖尿病、低血糖。

母岩上のダトライト

外観	チャクラ	数字	星座
透明から不透明の、 ガラス質の結晶や鉱床。	心臓、 第三の目、 宝冠	5	牡羊座

アダマイト

特性：自分の感情に左右されたり、そのために屈辱を感じたりしているのなら、アダマイトが感情と理性を統合させ、感情的な問題に取り組むときに客観性、明快さ、内的力を与えてくれます。課題への集中や、難しい選択に迫られているときは、この石が内なる自分と相談し、答えのある場所に導きます。この石にはユーモアのセンスがあり、答えは期待したものと違うかもしれませんが、その過程を信頼すればうまくいきます。

創造的な石で、自信を持って未知の未来へ踏み出す後押しをし、先頭に立つ起業家の手腕と、ビジネスでも私生活でも成長できる新しい道を切り開く能力を与えます。新しい仕事や繁栄を引き寄せたり、人生にさらなる楽しみをもたらしたりするプログラミングに最適な石です。

効能：細胞レベルの記憶、内分泌系、腺、心臓、肺、喉。

母岩上の結晶

外観	チャクラ	数字	星座
ガラス質の透明な結晶や晶洞。	太陽神経叢、心臓、喉	8	蟹座

アグレライト

特性：アグレライトはすばやく物事を明るみに出すので、ほかのクリスタルや有資格のクリスタル・ヒーラーの助けが必要な場合があります。他人を支配しようとする場面を見せ、彼らが独立し自尊心を持つことをあなたが許すように促します。抑制し、心の奥底にしまいこんだ、魂の成長の障害になっていたことに注意を向けさせ、自分の内なる破壊衝動を直視し、未開の可能性へと導きます。

この石は、肉体やオーラの滞りを見つけ、それぞれにあったエネルギー反応をしますが、症状を改善するためにはほかのクリスタルが必要な場合もあります。アグレライトはどんな種類のヒーリング力も高め、放射線治療を受けいれやすくします。

効能：スランプ、原因分析、免疫システム、打撲傷、感染、化学療法、アルカリ過多。

原石

外観	チャクラ	数字	星座
真珠のような光沢があり、筋の入った不透明な石。	第三の目と高次の宝冠	8、44	水瓶座

バライト

特性：アメリカ先住民が物質世界から精神世界へ旅するときに使っていたという石で、夢と夢の回想を刺激します。儀式やシャーマニック・ワークで匿名性や秘密が必要な場合に役立ちます。直感的なヴィジョンとのコミュニケーションを助け、自分の考えを整理し表明する能力を高めます。

強い動機づけの石で、エネルギーを使い果たして疲れきっている人に有益です。変容させる力が強く、過去の感情パターンや憎悪、恐怖を捨て去ること（有資格のクリスタル・セラピストの監督のもとで行うのが最上です）でカタルシスをもたらします。平静を取り戻すためには別のクリスタルが必要な場合があります。

バライトは自律を高めます。いつも裏方で人の言いなりになり、自分の理想ではなくその人の理想に従っているのなら、バライトが自由にします。プラトニックな友情や親密さ、人間関係への洞察力に効果的な石です。

効能：人と人のコミュニケーション、境界、混乱、忠誠、生命力、焦点、寒さや気温の変化に対する過敏、記憶、引っ込み思案の克服、慢性疲労、解毒、視力、中毒、喉の痛み、胃を落ち着かせる。

天然

外観	チャクラ	数字	星座
ガラス質で透明な結晶、または繊維質の鉱床。	心臓、喉	1	水瓶座

クリーヴランダイト

特性：人生に深遠な変化をもたらす優れた石で、落ち着いて未来へ踏み出すのを助け、旅に安全な行路を与えます。自分が成し遂げなければならない変化がどんなものかに焦点を当て、それを知るために必要な、自分が持っている才能や道具を見せてくれます。その旅のイニシエーションの石でもあり、女神、つまり女性の三段階、〈少女、母、熟年期〉とかかわり、移行と再生を促します。熟年期を祝うのにうってつけの石です。

困難な状態を、ポジティヴで人生を肯定する状況に変えもします。太陽神経叢に置くと、放棄、拒絶、裏切り、またその結果による深く根ざした恐怖心を変化させ、自身の成長を促します。

効能：思春期、更年期障害、細胞膜、心血管障害、関節、発作。

天然

外観	チャクラ	数字	星座
オパールのように光る透明から半透明のブレード。	仙骨、基底、第三の目	4	天秤座

アンブリゴナイト

特性：バランスの石であるアンブリゴナイトは、自身の成長を助け、二元性を和解させ、存在に備わる両極性を統合します。自尊心を強め、自分が神聖な存在、つまり不死であるという意識を目覚めさせます。現世やほかの世で太陽神経叢に埋め込まれた感情の留め金をやさしく解放します。人間関係を怒りで終えないようにもします。不調和の場所や公共の混乱の場所、特に若者がいる場所のまわりでグリッドとして使えば、平和と安定をもたらします。体の電解システムを活性化させ、コンピューターの電磁波からも守ってくれるため、敏感な人は胸腺の上にテープで貼りましょう。

芸術の石であり、音楽や詩などあらゆる創造性を高めます。まわりの人々に対する共感や思いやりの気持ちを高めます。

効能：ストレス、遺伝的障害、細胞レベルの記憶、神経性胃炎、消化、頭痛。

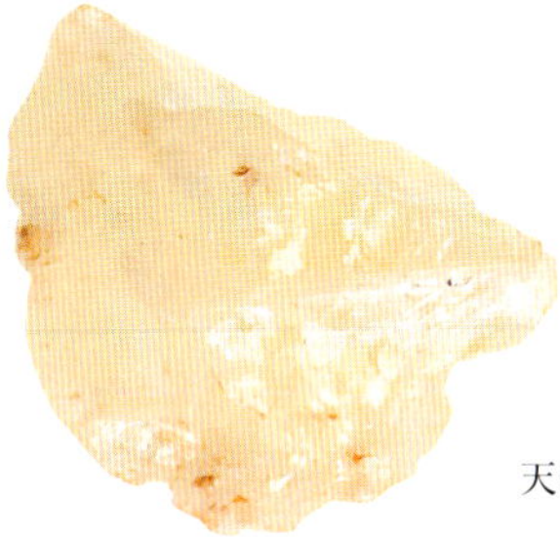

天然

外観	チャクラ	数字	星座
光沢があり、不透明で、とても明るい色。	すべてを開き、整える。太陽神経叢、高次の宝冠。	6	牡牛座

メナライト

特性：メナライトは、際限なく繰りかえされる生のサイクルを思い出させ、再生と輪廻、また死を受け入れることに優れた力を発揮します。深いシャーマニックな石で、他の領域への永劫の旅とメタフィジカルなワークに使われてきました。この石の多くはパワー・アニマルや古代の豊饒の女神と似た働きをし、また養育の石でもあるので、聖なる地母との持続的なつながりをもたらし、その子宮へと帰らせます。自分の魂を思い出す助けもします。

予言や予測を促し、賢女や女性聖職者の力とつながり直す石です。女性の人生における通過点の儀式を行う際に最適です。更年期のあいだは枕の下に置き、ほてりや寝汗の最中には手に持ちましょう。

効能：生殖能力、更年期障害、月経、授乳、寝汗。

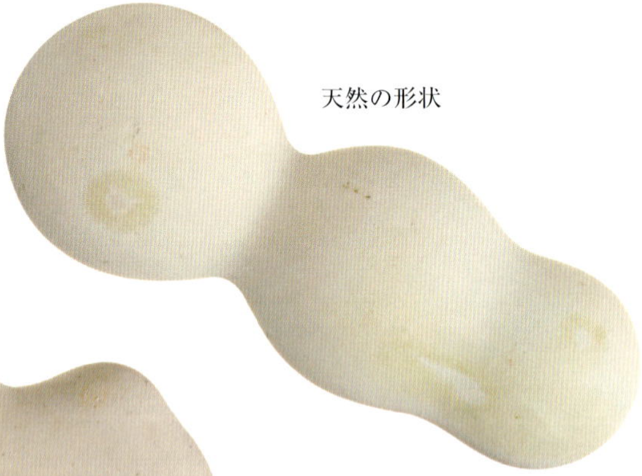

天然の形状

天然の形状

外観	チャクラ	数字	星座
不透明で、チョークのような白い石。	仙骨	6	蟹座、天秤座、蠍座、魚座

パミス

特性：パミス（軽石）はクリスタルではありませんが、状況によってはすぐれたヒーリング効果を持ちます。胸腺の上に置けば、心臓や消化管の古くからの痛みをとり、長年にわたる心の傷を癒し、感情的な細胞レベルの記憶を再プログラミングします。表面的には痛みを受けて角ばっているように見えながら、鎧の下ではとても傷つきやすいという守り型の人に特に役立つ石です。信頼と受容の気持ちを高め、防御的なバリアをなくし、自分の傷つきやすさを認めさせてくれます。他者を受け入れ、あらゆるレベルでの親密さを促します。

腸洗浄中に毒素の排出を助け、施術後セラピストからネガティヴなエネルギーを浄化するのに使われ、大きなものはセラピー室にも置かれます。頻繁に浄化してください。

効能：結腸の水治療、解毒、細胞レベルの記憶、過敏性腸症候群。

海水に形成されたもの

外観	チャクラ	数字
軽く、泡がはじけたような穴があいている（海岸で見つかることが多い）。	高次の心臓（胸腺）	4

アナバーガイト

特性：このクリスタルは手に入りにくく、ふさわしい時期に現れます。すべてはありのままで完璧だと諭し、自分の人生を受け入れ、ハイエスト・セルフとの調和を見せ、すべての可能性、特に癒しの可能性を開きます。この神秘的な石を第三の目に置くと、視覚化と直感を高め、宇宙の賢者とのコンタクトを促します。ソーマのチャクラに置くと、自分の本当の姿がわかり、それを世界に反映できるようになります。

オーラを整え、エネルギーを強めるため、肉体の経絡のエネルギーの流れを促し、これを地球のグリッドと調和させ、多次元の細胞レベルの癒しを容易にします。肉体に放射線治療を受ける準備をさせ感染と闘わせるとも言われ、放射線治療中に受容力を高めます。

効能：細胞レベルの記憶、脱水、腫瘍、細胞障害、感染。

タンブル

外観	チャクラ	Number	星座
アップルグリーンの不透明な石。	第三の目、ソーマ	6	山羊座

ウェーヴェライト

特性:感情の癒しや、感情体から現世あるいは過去世のトラウマや虐待の影響を消す力に優れています。深い魂の癒しを促し、状況の全体像と、不調和を引き起こす傾向を見せ、細胞レベルの記憶を再プログラミングします。健康や幸福を維持させます。新月のときに最も力を発するといわれることから、新月のもとで行う瞑想にうってつけの石です。深い核となる問題に向かったり、これからの道を直感的に知ったりさせます。

行動を起こすまえに状況の全体像を見るべき場合に、この石を持ちましょう。困難な状況に楽に対処できるようになります。

効能:オーラから肉体へのエネルギーの流れ、細胞レベルの記憶、血流、白血球数、皮膚炎。

天然の形状

天然

外観	チャクラ	数字	星座	星
光沢があり、ガラス質で、バラ色または放射線状の針状結晶体。	過去世、ソーマ、心臓、高次の心臓、太陽神経叢	1	水瓶座	月

アクティノライト

特性：力を高めるアクティノライトは、霊的な盾にすぐれた石です。オーラを広げ、その境界を明確にし、あなたを高次の意識につなぎ、体と心と霊と精神のバランスを整えます。視覚化と想像を助ける効果を持ち、自然な創造力を広げます。霊的な行路で滞りや個人的抵抗に合う場合に有効で、望まないものや不適当なものを減らし、解消し、新しい方向を与え、自尊心を高めることから、「過ぎたるは及ばざるが如し」の石と呼ばれてきました。

肉体のあらゆる機能を調和させ、成長を促し、変化やトラウマに体を適合させる助けもします。

ブラック・アクティノライトは、使い古し合わなくなったすべてのものを穏やかに除去し、新しいエネルギーが現れる道を開くようにプログラミングできます。ネガティヴな思考から自身を守るのにすぐれた石です。

効能：ストレス、アスベストが関係した癌、免疫システム、肝臓、腎臓。

原石

外観	チャクラ	数字	星座
半透明から透明で、ガラス質の長いブレードの結晶か、不透明な鉱床で、クォーツの中に含有されている場合もある。	心臓、太陽神経叢、第三の目、基底（ブラック・アクティノライト）	4、9	蠍座、山羊座（ブラック・アクティノライト）

アストロフィライト

特性：体外離脱体験を促すのにすぐれた石で、ほかの領域でのガイドや保護者として働きますが、自分を外側から客観的に見せる助けもします。この石は、自分が持つ力をすべて見せ、その力に限界がないことを知らせます。夢を活性化し、自分の魂の行路を知るために正夢を見せてくれます。

感情面では、罪悪感なしに使い古したものを取り除き、未来への道を見せ、計画を遂行する助けとなります。ひとつの扉が閉まれば、別の扉が開くことを見せてくれるのです。

感触を高め、知覚能力を向上させるといわれ、マッサージや指圧の訓練を受けている人に役立つ石です。とりわけ、相手が口に出さない要求に、より敏感になれます。

効能：霊感、開放性、大腸、てんかん、PMS（月経前症候群）と月経障害、生殖及びホルモン系、細胞再生、脂肪沈積。

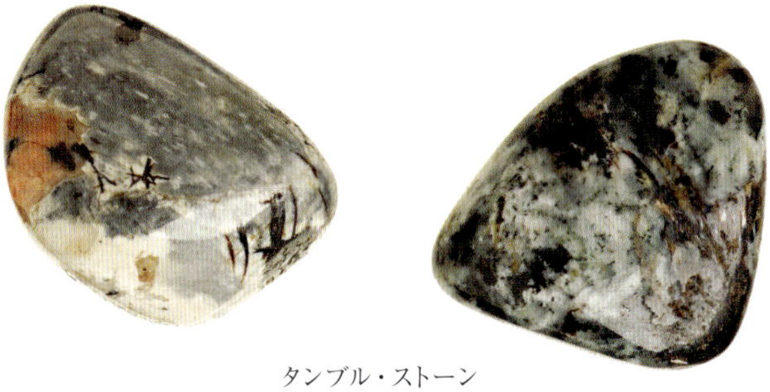

タンブル・ストーン

外観	チャクラ	数字	星座
金属質や真珠の光沢のあるブレード。	高次の宝冠	9	蠍座

ユーディアライト

特性：生命エネルギーが浸透した個の力の石で、憂鬱や自分自身への不満を吹き払い、その背後にあるネガティヴな感情を放します。自らを許し、健全な自己愛を高めるのに理想的な石で、深い変化をもたらし、誤りに見えるものから学ばせます。神に対して怒りを感じているなら、和解をもたらします。

精神と心を感情体につなぎ、内なる自己に新たな方向を示します。この石はソウルメイトとあらためて結びつけます。知り合いになりたがっていないように見える“ソウルメイト”に出会った場合、また、強く惹かれるけれども性的関係を持つことになるのかどうか、スピリチュアル・ワークをすべきかどうか疑問の浮かぶ相手に会った場合、ユーディアライトを持って瞑想するか、枕の下に入れて寝れば、答えが見つかります。

効能：エネルギーの減少、許し、嫉妬、怒り、罪悪感、恨み、憎悪、自信、脳波、多次元の細胞ヒーリング、視神経。

タンブル

ポリッシュ

外観	チャクラ	数字	星座
まだら模様の不透明から透明な石。	心臓。基底と心臓をつなぐ。すべてを開き、整える。	3	乙女座

エピドート

特性：すべての人がエピドートに反応するわけではありませんが、波長の合っている人については、知覚と個人の力を高めます。スピリチュアルな適応力を高め、霊的気づきに対する根深い抵抗を取り除き、クリスタル・ヒーリングで一緒に並べるほかの石を支えるといわれています。

感情体を浄化し、自己憐憫や不安といったネガティヴな状態を和らげます。悲しみを解き放ち、今どんな状況にいることがわかっても中心が定まったままでいられるようにします。その再生力はオーラからのネガティヴなエネルギーを解毒する力を生み、それは感情的な計画や細胞レベルの記憶を消し去る一度かぎりのカタルシスや解除反応として経験できます。この使用法はクリスタル・セラピストの監督のもとに行うのが最上です。

人生を十分に楽しむ勇気や夢を明らかにする力を与え、自分が自分であるという認識を強くします。病気の予後に役立つ石で、体の快癒過程を助け、できる限り最良の方法で自愛するようにします。

被害者、または犠牲者になりやすい人に最適な石で、批判や自己批判を払い去り、自分や他者の強さと弱さを客観的に見られるようにします。現実的な目標のたて方を教え、達成できない望みや免れがたい失敗や落胆から遠ざけてくれます。

効能：感情的なトラウマ、持久力、神経と免疫システム、細胞レベルの記憶、脱水、脳、甲状腺、肝臓、胆嚢、副腎。エリキシルは皮膚を柔軟にする。

タンブル

外観	チャクラ	数字	星座
ガラス質の鉱床か透明な結晶。	心臓	2	双子座

シヴァ・リンガム

特性:シヴァ神とその妃であるカーリーとの結びつきを象徴しているシヴァ・リンガムは、昔からクンダリニーのエネルギーを上昇させて治め、霊的進化を促すために使われてきました。何千年ものあいだ、性的なものと強い男性エネルギーの象徴として神聖視されてきました。性的なヒーリング力にすぐれ、男性的なものと女性的なもの、また体と魂のように相反するものを結合させます。正しくプログラミングすれば、関係が終わったあと、霊的な性の結びつきを断ち切り、膣や子宮から“留め金”を取り除き、基底のチャクラにエネルギーを新たに満たして、新しい関係のための道を開きます。

洞察力の石でもあり、内面を見せ、成長によって適合しなくなったものをすべて手放すのを助けます。この石は幼少期の、特に性的虐待から来る情緒的な痛みに効き目があり、毎日これを持って瞑想すると、男性エネルギーへの信頼を取り戻します。

効能:過去の性的屈辱の影響、不妊症、勃起不全、無オルガスム症、生理痛。

自然に形成されたもの

外観	チャクラ	星座
なめらかで不透明な2色の男根状の形。	基底と仙骨	蠍座

セレストバライト

特性：セレストバライトは、シャーマニックな導き手であり、コインの両面を見せ、はっきりしない問題を解明しますが、なにを信じるかはあなたにゆだねられます。この石には「おどけ者」であるコヨーテのエネルギーが入っていて、暗い面を楽しく見せ、何事もいつまでも同じままではないことを思い出させます。そのヤヌスの顔は過去と現在と未来を見て、存在に備わる多次元の層を探索します。強いシールド・エネルギーを持ち、旅に適した石で、基底のチャクラと宝冠のチャクラの間にあなたをつなぎとめ、日常の世界と平行にある、魂の姿や存在が属するシャーマニックな中間世界に安全に導きます。セレストバライトは境界を断ち切り、境界とその向こうへと連れていってくれます。

スライスした原石

外観	チャクラ	数字	星座
しま模様の石で、バライトと他の結晶の混合。	太陽神経叢、基底と宝冠	8	天秤座

パイロフィライト

特性：パイロフィライトはカオリンの結晶形で、自主性を高めるため、精神的あるいは霊的境界が壊れやすい人、あるいは広範囲に広がりすぎている人に有効です。自分の境界がどこまでで、どこからが他人の領域なのかがわかっていない場合、あるいはすぐに動揺する場合、太陽神経叢の前にパイロフィライトを1個持てば、自分の境界を確認でき、あなたをコントロールしようとする人に対して適切な時に「ノー」と言えるようになります。また、あなたを他人につなぎとめている約束や義務を再調整する必要があるときにも役立ちます。

繊細な石のため、研磨していないものは身につけるのには適しませんが、ベッドのそばに置くか、1日20分の瞑想に使えば、オーラの境界を強くし、明確にします。

効能：消化不良、胸やけ、胃酸過多、下痢。

天然

外観	チャクラ	数字	星座
母岩上の扇形の結晶。	仙骨と太陽神経叢	8	魚座

ゲーサイト

特性：ゲーサイトは、変身と変容の数字であるマスターナンバーの44に共鳴します。天使に調和したこの石は、注意散漫をなくし、無為の境地に導く深い静寂をつくります。また対照的に、人間の旅の発見や探求に必要なエネルギーを与え、その過程の楽しさも提供します。予見の力を高め、将来、魂の旅でこの石が役立つ時を照らします。コミュニケーションの道具としてもすぐれ、特に自分の考えを表現するのが難しいとき、霊感と物事を成し遂げる実際的な力を結びつけ、透聴を促し、ダウジング能力を高め、地球の合図に適応できるようにします。ゲーサイトをグリッドとして据えた場所は、宇宙船の着陸を促すといわれます。

虹色に輝くレインボー・ゲーサイトは、暗雲、特に憂鬱や落胆を切り払い、人生に光と希望をもたらします。

効能：ウェイト・トレーニング、てんかん、貧血、月経過多、耳、鼻、喉、消化管、静脈、食道。

天然

外観	チャクラ	数字	星座
透明から不透明で、畝状、あるいは針状の結晶か星形。	基底を浄化し、すべてを整列する。	44、8	牡羊座

バスタマイト

特性：力強いエネルギーを持つ石で、スギライト（162頁参照）との結合で見つかることが多いバスタマイトは、地球との深い結びつきをもたらし、大地のヒーリングを促して、地球のエーテル体の経絡を整えます。儀式やイニシエーションや瞑想を行うための安全な場所にグリッドとして使用するのに適した石です。肉体やサトル体のエネルギーの経絡を整え、情緒面では古い傷を取り除き、感情のエネルギー・システムを調和させ、細胞レベルの記憶を癒します。意識的な夢と直感を刺激し、チャネリングを高めて天使の領域にアクセスします。

内なる調和をつくりだし、肉体を変えず不調和な状況から心的に抜け出させたり、有害な状況から肉体的に救い出したりします。理想や考えをポジティヴな行動に移します。バスタマイトをヒーリングに使えば、活力を持って人生の道を進めます。危険があるときには光沢を失うといわれています。

効能：沈着、細胞レベルの記憶、ストレスに関連した疾病、体液維持、脚部、血行、頭痛、心臓、皮膚、爪、毛髪、運動神経と筋肉力、脾臓、肺、前立腺、膵臓、カルシウム不足。

タンブル

外観	チャクラ	数字	星座
ガラス質で不透明なしま模様。	基底と仙骨、心臓と第三の目。すべてを整列する。	2	天秤座

エジリン

特性:人や環境のヒーリングで使われるエネルギー光線をつくり、焦点を当てるのにすぐれたクリスタルです。感情的なエネルギーの滞りを取り除き、ポジティヴな波動を高めます。サイキック・アタックやネガティヴな思考に特に有効で、愛着が去ったあとのオーラを修復し、マイナス思考をプラスにし、心的影響を受けるのを防ぎます。大きな視点で見ることを促し、人間関係の問題を治め、別離の悲しみを克服させます。行動すべてに誠実さをもたらし、真の自己の探求と心の底から望んでいることをする力を与えてくれます。

この石は他人の考えや理想、集団の圧力に屈せずに、自分の真実に従う力を与え、自分の目標に正しい光を当てます。体の自己治癒のシステムを促し、他のクリスタルのヒーリング・エネルギーを高めます。

効能:誠実さ、自尊心、細胞レベルの記憶、免疫システム、筋肉と筋肉痛、骨、代謝、神経。

ワンド

原石

外観	チャクラ	数字	星座
透明から不透明で、長形、グリーンレッドか黒の結晶、うねがある場合もある。	高次の心臓（胸腺）	5	魚座

レピドクロサイト

特性：心を刺激し、日常の現実に自己をグラウンディングさせる石で、どんな状況でも自分の強さを認識させます。直感を高め、物事と意識をつなげる橋の役割をし、霊的洞察力を実際に適用できるようにします。オーラを浄化し、心的混乱、ネガティヴなもの、よそよそしさ、不均衡を解消し、自分や環境や人類に対する愛を取り入れます。

判断せずに物事を観察し、教義なしに教えられるようにし、自分自身の力の問題に入り込まずに他者に力を与える能力を強めます。道をそれず、人生の旅を遂行し、自分がなすべき仕事ができるようにします。

効能：他の石のヒーリング・エネルギーを高める、食欲不振、肝臓、虹彩、生殖器官、腫瘍、細胞再生。

天然に覆われた形状

外観	チャクラ	数字	星座
ごつごつした不透明な結晶、または赤みがかったインクルージョン。	すべてを整列し刺激する。	8	射手座

カコクセナイト

特性：アセンションの石のひとつであり、霊的な気づきを高め、地球の波動の進化を刺激する惑星の並びを促します。瞑想や過去世への回帰で使うと、核となる魂の記憶へと連れていってくれます。その中では、現在の霊的な進化を起こすための洞察力が必要不可欠です。あらゆる行動での積極性を強め、制限や抑制を解放し、個人の意志をハイヤー・セルフと調和させます。克服できない問題と直面しているなら、カコクセナイトが避難する安息所をつくってくれ、その問題にポジティヴな光を当てて見せてくれます。

アメジストに含有されるカコクセナイトは、第三の目と宝冠のチャクラを活性化させ、心を開いて新しい考えを受け入れさせます。このクリスタルは満月あるいは新月の儀式で最高に力を発揮します。スーパー・セブン（166-167頁参照）の成分の一つです。

効能：ストレス、ホリスティック・ヒーリングと心身の気づき、細胞レベルの記憶、恐怖、ホルモンと細胞の障害、心臓、肺、風邪、インフルエンザ、呼吸疾患。

ポリッシュ

外観	チャクラ	数字	星座
放射状の軽いインクルージョン。	第三の目、宝冠	9	射手座

クリーダイト

特性：クリーダイトは高次の霊的波動と調和させ、上から届けられるメッセージや印象を明らかにする助けになります。古代の文言に現されている宇宙の叡智とのつながりをもたらすといわれており、いかなるレベルの叡智も受けとめ理解する力を高めます。体外離脱体験を促し、魂を目的地に導き、経験の完全なる想起をもたらします。オレンジ・クリーダイトは霊的進化の緊急性を告げ、多次元の意識間を移動する能力を速めて、肉体を変化する波動に調和させます。

効能：骨折、筋肉や靭帯の断裂、脈拍の安定、ビタミンA、B、Eの吸収。

結晶体

原石

外観	チャクラ	数字	星座
母岩上の透明から不透明の針状結晶体。	喉、宝冠	6	乙女座

ウラノフェン

特性：放射性のクリスタルであるため、エネルギーの波動で影響を与える可能性のある石からは離して保存すべきです（アルミ箔に包むかマラカイトの上に置きましょう）。長期間使ったり、一般的なヒーリングに使ったりする鉱石ではありません。適切な資格を持ったプラクティショナーの監督のもと使用すれば、核を使った医療や放射線治療を助け、過去世や環境から来る放射線損傷を解消するホメオパシーの触媒の働きをします。

オーラの波動を繊細に整え、エネルギーの変動が肉体とエーテル体に吸収されるようにします。

効能：腫瘍、放射線損傷。

母岩上の原石

外観	チャクラ	数字	星座
母岩上の毛髪のような結晶体。	過去世、 ソーマ。 すべてを浄化。	5	蠍座

ハライト

特性：ハライトは浄化の石で、霊的識別を象徴し、多次元の進化を刺激します。不純物を取り除き、内面のバランスをつくり、自分の意志を霊的な自己を導くものにし、より客観的な視点を与えます。

ネガティヴなエネルギー、取りついている存在、サイキック・アタックから守り、昔からの行動パターンやネガティヴな思考、怒りのような根深い感情を解消します。その目的でお風呂に入れることもできますが、この石は溶けるので、岩塩(ハライトの結晶体)を代わりに使っても同じ効果が得られます。

放棄や拒絶の感情をあらため、幸福感や善意を高めます。どんなときにも効果的な保護力を発揮し、アルコールや薬物の影響を受けている人に取りつく低い霊を防ぐといわれています。また、問題を超越し、古代の問題解決法を現状にいかに適用させるかを教え、変容を促します。

壊れやすいため、身につけるのには適しませんが、すぐそばに置いておくか、袋にそっと入れておくといいでしょう。ネガティヴなエネルギーや湿気をすぐに吸収するので、玄米に入れて乾燥した場所に置くことで頻繁に浄化しましょう。

ハライトは体の経絡を刺激し、鍼や指圧の効果を高め、他のクリスタルのヒーリング力をグラウンディングします。

ピンク・ハライトは、どんなレベルにおいても、取りついた存在や霊を離すのに有効で、同じものが再び取りつくことや、新しいものが取りつくことを防ぎます。霊的進化を促し、メタフィジカルな能力を刺激し、ネガティヴなものを除去します。ピンク・ハライトを身のまわりに置くと、幸福感と愛されている気持ちを持たせてくれます。圧迫感を解消し、利尿剤の働きもします。

ブルー・ハライトは、メタフィジカルな扉を開き、直感を高め、霊的な気づきを促します。この石は現実に対するゆがんだ視点を再プログラミングし、心的執着をなくし、第三の目からの過度の影響を浄化するのに特にすぐれています。甲状腺、胸腺、視床で、ヨウ素を吸収させる働きをします。

効能：満足、不安、解毒、代謝、細胞レベルの記憶、水分保持、腸の問題、躁鬱病、呼吸障害、皮膚。

外観	チャクラ	数字	星座
壊れやすい、ごつごつした、透明な、小型あるいは大型の四角い結晶。	宝冠(ピンク・ハライト)、第三の目(ブルー・ハライト)、心臓(ピンク・ハライト)	1	蟹座(ピンク)、魚座(ブルー)

ピンク・ハライト

ヴィヴィアナイト

特性：ミステリーサークルを好きな人たちのための石で、大地のエネルギーとつながり、サークルを読み解くのを助け、その模様に隠されたエネルギーと交信させます。ミステリーサークルのエネルギーを自分の人生に統合したければ、ヴィヴィアナイトを持って、サークルの中心で、あるいはサークルの写真を見つめて瞑想しましょう。

この石は見た印象よりもはるかに優れており、「静かに活気づける」エネルギーを持ちます。奥深くにある感情と自分では否定している事柄を明らかにします。活気のある石で、オーラを浄化するのに役立ち、強く引きつける力を持つため、過度の刺激やネガティヴなエネルギーを吸い出し、代わりに平和で落ち着いたものを取り入れます。必要に応じて、宝冠のチャクラの回転を逆にし、基底に向かう流れをもたらして地球のサトル体と結びつけてくれます。視覚化のヒーリングや離れた場所からの儀式的なワークに最適で、魂を結びつけ、その効果を高めます。

虹彩の炎症など慢性の目の症状を癒すのにすぐれ、第三の目で働き、直感を鋭くし、現実における多次元の旅のガイドの役割もします。

ヴィヴィアナイトの輝く面はドリームワークを助け、夢の中に戻して、より深く理解させ、その夢の創造性をあらためて作用させ、癒しと洞察力をもたらします。

現実的な目標を決めて達成する後押しをし、逆境に耐える力を与え、人生を暗いものではなく、刺激的で挑戦的なものだと思わせます。人間関係を変える必要があるのなら、この石が活性化させてくれます。

効能：記憶、活力の増強、細胞レベルの記憶、フリー・ラジカルの除去、鉄分の吸収、脊柱、虹彩、目、心臓、肝臓。

外観	チャクラ	数字	星座
小さな、透明あるいは金属質のクラスター、またはプレートで、結晶は曲がっていることもある。	大地、宝冠、第三の目、ソーマ	3	山羊座

母岩上の天然の形状

レパードスキン・サーペンティン

特性：触感のよい石で、体の上に置くよりも手に握る方が優れた反応を示します。シャーマニックな石で、パワー・アニマルであり癒しの動物としてのヒョウ（レパード）のエネルギーにアクセスし、ヒョウを連れて旅をすることや、また時にはヒョウに変身することもあります。そのような機能を持つため、とりわけ過去世または他の次元で力をなくしたり、盗まれたりした場合、再生する大きな支えとなります。

強力なグラウンディング・エネルギーが、シャーマニックな意識を開いたり、別世界への旅に出たりするときに、あなたを大地につなぎとめておきます。また、スピリチュアルな導きへ直接的なチャネルを開き、トランスや瞑想を促します。自分の人生を生きている理由を知るための洞察力を授けたり、現世の魂の計画と協調する時に必要になるかもしれないあらゆる調整を手伝ったりします。

タンブル

外観	チャクラ
ヒョウの柄に似た不透明な石。	第三の目、ソーマ、過去世

ガイア・ストーン

特性：アメリカのセント・ヘレンズ山の火山灰からできています。その名はギリシャ神話の大地の女神に由来し、「女神のストーン」としても知られています。火山ガラス、黒曜石の特性を持ちます。境目や限界がないため、エネルギーが内部を素早く移動でき、それによって隠れた事柄が表面に押し出され変化します。ガイア・ストーンの効果は黒曜石より緩やかです。黒曜石と同様に、体内から心の傷を引き出し、過去のトラウマを中和し、ネガティヴなものを絶対的な愛に置き換えます。

神霊やアニマ・テラ、地球の魂に関係があると言われています。繁栄の石であり、地球との密なる調和へとあなたを導き、地球の霊的なエネルギーを守ります。特に、不調和や環境汚染が起こっている地域周辺にグリッドとして据えると効果的です。また、あらゆるヒーリング能力を刺激し、思いやりや共感を深めます。

効能：自己治癒、心の傷、過去のトラウマ。

カット、ポリッシュされた石

外観	チャクラ	数字	星座
透明で明るい 緑色のクリスタル。 ガラスに似ている。	大地、心臓。 すべてを調和する。	9	牡牛座

キャシテライト

特性：古来から占星術や天文学とつながりのあるキャシテライトは、問題の核心を見抜くのに必要な数学的厳密さや洞察力を授けます。拒絶、放棄、偏見、疎外感に苦しむ人や、幼少期またはその他の状況下で激しく非難された人にとって最適な石で、その苦しみから徐々に解放してくれます。特にそれが原因で摂食障害や強迫行為が起きている場合に効果的です。保護し、自分自身に健全な愛情を注いで、生来備わっている自分の完全さを思い出させます。

物があるがままの姿で存在していた理由とその有様を客観的に理解するのを助け、関わりのあるものすべてに対して思いやりや寛容の気持ちを持つ方法や、細胞レベルの記憶を癒す方法を見つけさせます。自分にとって、また他者にとって必要なことだけをするようにし、求められれば厳しい態度でこたえさせます。キャシテライトの力を借りると、将来への夢や希望をはっきりと示せます。

効能：摂食障害、肥満、栄養失調、細胞レベルの記憶、神経系およびホルモン系、分泌作用のコントロール。

母岩上の原石

外観	チャクラ	数字	星座
小さなプリズム状またはピラミッド状の結晶。	仙骨、太陽神経叢、心臓	2	射手座

カヴァンサイト

特性：人生に楽観とインスピレーションをもたらし、チャネリングや霊的な気づきを実際的な日々の学習や論理的思考と結びつけます。人生肯定的なこのクリスタルは、意識を有するアストラル体の旅を促し、過去世を探求させ、根源でトラウマを再構成し、それが現世に現れないようにします。内省の石として、破壊的な行動または思考パターンを正し、自分の肉体の状態を心地よいと感じさせます。

エンドルフィンの分泌を促し、細胞レベルの癒しを高めると言われており、セッションの間、ヒーラーや過去世セラピストを支えます。家や車を守って、周囲に気を配る必要性を感じさせたり、身のまわりの美しいものを愛でる気持ちを持つようにします。また、考えてから行動するようにさせます。

効能：自尊心、浄化、再生、細胞レベルの記憶、再発した病、脈の安定、細胞レベルの癒し、耳鳴り、咽頭炎、腎臓、膀胱、分裂した12螺旋のDNA、目、血液、カルシウム不足、歯、関節の柔軟性。

タンブル・ストーン

母岩上の原石

外観	チャクラ	数字	星座
半透明から透明、ガラス質、結晶体あるいは真珠色の放射状の球体、母岩上でロゼット状または扇形。	第三の目、喉、過去世	5	水瓶座

デュモルティエライト

特性:この堅固な石は、天使や精霊のガイドと交信するときに感受性を高め、個々の人間に価値を見いださせます。耳のすぐ後ろに置くと、透聴力が開かれます。過去世ワークに最適な石であり、魂の旅の出発点へ案内し、長遠なる年月をかけてなされた魂の契約と同意を調べさせ、それらがもはや適当ではない場合は再検討するか解除します。ソーマのチャクラか過去世のチャクラの上に置くと、回帰と回想を刺激し、もはや役に立たない古い絆を断ち、誓いを無効にするのを助けます。また、あなたの原型となるスピリチュアルな自己を示しながら、生来の英知にふたたびつなぎます。特に、不調和の過去世における原因、現世での困難な状況や人間関係、中毒や強迫観念による行動を認識して取り除くのに有効で、それによって細胞レベルの記憶をプログラミングし直せます。

自己保存や確固たる自信に対する本能を徐々に取り込み、自立し、今の現実を受け入れ、また必要に応じて忍耐や勇気を示す助けとなります。さらに、過剰な興奮を抑え、超然とした思いを助長し、ポジティヴな自己愛と生きる喜びをもたらします。体系の機能力と焦点を高め、心を若く保つよう促し、また、人生に対する積極的な態度を向上させるのにも最適です。

ぎくしゃくした人間関係を安定させ、ソウルメイトを惹き寄せると言われています。もちろん、その過程には学ぶべき難しい課題がある場合があります。日常的に危機やトラウマに向かっている人に有効で、心を落ち着かせる効果を生み、救済の努力に集中させてくれます。混沌とした状態に陥り取り乱している場合は、生活を整えさせます。また、能率的なファイリングに最高の石です。他文化とのコミュニケーションができるように、言語能力を向上させるとも言われています。

効能:あがり症、内気、ストレス、恐怖症、不眠症、パニック、恐怖、うつ状態、忍耐、自制心、精神的な明晰さ、頑固、細胞レベルの記憶、日焼け、過敏症、消耗性疾患、てんかん、頭痛、吐き気、嘔吐、こむらがえり、疝痛、下痢、動悸。

外観	チャクラ	数字	星座
緻密で、くすんだ色の斑紋がある不透明な石。虹色に光る、あるいは青いインクルージョン、または結晶体。	過去世、喉、第三の目、ソーマ	4	獅子座

ポリッシュ・ストーン

原石

コウヴェライト

特性：ハイヤー・セルフにつながろうとする石で、夢を現実に変えたり、メタフィジカルな能力を開花させたりするのに役立ちます。内省の石でもあり、過去への扉、またその過去に得た知識への扉を開き、現世へと道を進めます。過去に拘束していたもの、とりわけ深く染みついた信念や細胞レベルのプログラムからの解放を容易にします。細胞内のエネルギーの流れをよくします。またそれによって、体と心と魂が調和し、虚栄心を排除しながら自分自身を無条件に愛せるようになります。

放射線から体を守ったり、傲慢な気持ちを消したりするとも言われています。傷つきやすい、また他人からの刺激を受けやすいと感じる場合や、欲求不満に悩んでいる場合に効果があり、幸福感や人生に対する満足感を徐々に染みわたらせます。良識ある分析的思考や意思決定の流れを促します。

効能：コミュニケーション、創造性、細胞レベルの記憶、性機能、解毒、失望、不安、誕生、再生、消化、癌、耳、目、鼻、口、鼻腔、喉。

タンブル

外観	チャクラ	数字	星座
光沢があり、金属質の不透明な石。変色している場合もある。	第三の目、仙骨、太陽神経叢	4、7	射手座

ブルー・アラゴナイト

特性：美しいブルー・アラゴナイトは、アラゴナイトが持つ包括的なアース・ヒーリングとグラウンディングの特性を備え、強力なエネルギー路を持つ〈ヴィーナス（金星）〉と呼ばれた金属、銅による色がついているため、霊的なコミュニケーションを上向きに高め、下向きにグラウンディングさせます。この愛情に満ちた石は、肉体にかかわるすべての些細な予兆を浄化して整え、陰陽のエネルギーのバランスをとり、最高の幸福へ導き、自分の肉体が心地よいと感じさせます。大地と魂を癒す力が強く、家のまわりのグリッドとして据えれば、環境を安定、調和させます。インナー・チャイルドのワークや現世における魂の計画を明示させるのに最高の石です。ツインフレームを引き寄せたい場合、ブルー・アラゴナイトをプログラミングしてください。

楽観と忍耐の感覚を覚えさせ、今後出合うかもしれないあらゆる困難の原因を見抜く力を得る手助けをし、その困難を成長の機会に変えます。

効能：ジオパシック・ストレス、細胞レベルの記憶、レイノー病、けいれん。

原石

原石

外観	チャクラ	星座
青く不透明な石（染色されている場合もある）。	第三の目、喉、心臓	山羊座

タンザナイト

特性：高次の波動で意識変容状態、内なる旅と外なる旅、メタフィジカルな能力、深い瞑想状態を促し、天使の領域、スピリット・ガイド、アセンデッド・マスター、キリスト意識とのつながりを持たせます。意識して現在を生きるようにすすめながら、オーラ上に微細なチャクラを開き、霊的進化の次の段階へ近づけます。

アイオライトとダンブライトと組み合わさって、アカシック・レコードから情報を取り込み、多次元の細胞ヒーリングをもたらします。

天職を確かめる石であるため、働き過ぎの人に有益で、エネルギーの変動をスムーズにし、自分のために時間を取れるようにします。タンザナイトのアクセサリーは、敏感な人には過剰な刺激を与えることがあるため、注意して身につけねばなりません。制しきれない霊的な体験や望んでいないテレパシーによる精神的な負担を引き起こす場合は、この石を離し、保護力のある適切な石と取り替えてください。

効能：細胞レベルの記憶の再プログラミング、過去世ヒーリング、聴覚、信頼、細胞レベルの記憶、仕事中毒、うつ状態、不安、落ち着き、髪、肌、頭、喉、胸、腎臓、神経。

原石
人工的なダブル・ターミネイティッド
タンブル

外観	チャクラ	数字	星座
輝くファセット（小面）のある宝石、あるいはやや不透明。	すべて。特に宝冠と高次の宝冠から、基底のチャクラまで。喉。	2	双子座、天秤座、射手座、魚座

スカポライト

特性：ブルー・スカポライトの内部を深く見つめると、心が静まり、自己の中に深く入り込んで現世あるいは他の世から問題の根源を見つけられます。感情面の設計図を描き直し、昔の感情的なトラウマの影響を解消すると同時に、それを感情体からも取り除き、肉体面にヒーリング効果をもたらします。また、「閉じこめられたエネルギー」を肉体、特に脚や静脈から解放するのを助け、左脳から滞りを取りのぞき解析能力を高めます。自立する力と達成可能な目標をたてる力を刺激し、自らを妨害することをなくし、変容を促し、いかなる状況下でも必要なことを見極められる明晰さを与えます。意識的な変化を望むなら、これはプログラミングに最高の石です。

効能：失読症、術後の回復、細胞レベルの記憶、カルシウムの吸収、静脈瘤、下肢静止不能症候群、白内障、緑内障、骨疾患、肩、失禁。

カット、ポリッシュされた石

外観	チャクラ	数字	星座
透明または不透明の結晶の塊、あるいは柱型。	喉、ソーマ	1	牡牛座

ヤンガイト

特性：刺激しつつ沈静もするブレッシェイト・ジャスパー（尖った石片から成るクリスタル）と、エネルギッシュなクォーツ、ドルージー・クォーツ（24頁参照）のコンビネーションで、変容する石です。意識の異なる次元に近づくシャーマニックな石であり、魂が出会い、交わる場所へ無意識のうちに連れていきます。そこから他の存在の次元につながり、超意識や石が提供するすべてのものに触れさせてくれます。

インナー・チャイルドのワークに最適で、誰の内面にも存在する楽しくて無邪気な子供と、その子供が提供する創造力とあらためてつながりを持たせます。子供時代からの傷を癒すので、魂の回復と再統合のためのワークに役立ち、喜びまたはトラウマを通してばらばらになった子供らしい魂の断片を優しく導きだします。また、進むべき道を照らすため、戦士やリーダーに最適な石であるとも言われています。

ブレッシェイト・ジャスパーの成分は、精神的なストレスを癒し、心の中心を定め、頭の回転の早さと合理的思考を強め、困難な状況において知的能力を発揮します。一方、ドルージー・クォーツは、最もトラウマになりそうな出来事を笑い飛ばす力を強めます。

天然

外観	チャクラ	数字	星座
ジャスパーの母岩上に細かなドルージーの結晶が覆う。	太陽神経叢、心臓	44	双子座

アヴァロナイト(ドルージー・ブルー・カルセドニー)

特性:心の平静を浸透させ、ネガティヴな思考パターンを中和するので、集合無意識や、おとぎ話や伝説が深遠な智恵を授ける神話の領域に入り、人生における神話を独創的に作り直します。妖精、エルフ、神霊とコンタクトして、古代魔術とつながります。感情的、精神的、そして霊的な智恵を心の中心で適合させるためにアヴァロナイトを使ってください。この美しい石の輪郭線を見つめると、視覚化が促され、霊的な気づきを開かれ、ソウルパートナー同士のテレパシーが刺激されます。アヴァロナイトの深淵部が過去へ優しく導き、あなたのワイズ・ウーマンや女性聖職者の化身とコンタクトさせます。実用的な智恵や心の平静さをもたらすため、とりわけ新しい状況に直面したときなど、愛や失敗を恐れる人にとって最適です。心を開き、本当の自己の完全性を発見させ、決してひとりではないことに気づかせてくれます。ネガティヴなエネルギーを吸収し、そこから先に伝わっていかないように変化させますが、定期的な浄化とエネルギーの再チャージが必要です。

効能:天候または気圧の変化に対する過敏症。

ジオード

外観	チャクラ	数字	星座
小さな結晶で、ほとんどがビロードのようになめらか、ジオードの中にある場合が多い。	仙骨と心臓をつなぐ	9	魚座

ラズライト

特性：しばしば天国の石と呼ばれます。すべての青い石と同様、純粋な宇宙エネルギーを引き込み、直感を開き、深い瞑想至福の状態をもたらします。神聖さに根を下ろした、平穏で安らかな自己を生み出します。

昔から緊張をほぐす〈安心石〉として知られ、問題の原因を見つける洞察力を与え、同時に潜在的要因に対する直観による解決策も与えてくれます。中毒の原因を見つける助けをし、原因が過去世にある場合は特に効果があります。また、どんどん高まる欲望から切り離してもくれます。自信と自尊心を高め、個々人の宇宙とのバランスや調和を促します。

効能：日光過敏症、免疫システム、細胞レベルの記憶、骨折、甲状腺、脳下垂体、リンパ系、肝臓。

原石

外観	チャクラ	数字	星座
ざらざらした緻密なかたまりに、極小のピラミッド状の結晶を伴う。	喉、第三の目	7	双子座、射手座

パープライト

特性：人前で話す時に最適な石で、明瞭さと自信を与え、外部からのどんな影響にもあなたの意見の普及は妨げられないと諭し、安心させます。また、霊的な進化と向上心を刺激し、導きや新しい考えに対してより敏感になり、感受性を高めてくれます。

あなたを縛る古い習慣や姿勢を打破します。高次の宝冠のチャクラを開き、妨げられることのない進化を刺激します。肉体およびメンタル体にエネルギーを与え、あらゆるレベルの疲労や失望を克服します。

この石は、不利な環境や地域社会の干渉によって売買を妨げられていた家や、過去世の諍いが繰り返された場所に建つ家の売買を容易にしてきました。周辺からネガティヴなエネルギーを追い払うため、呪いが解かれ、ポジティヴなエネルギーが流れ込むのです。同様に、いかなる商売にも有効で、すぐに買い手が見つかるようにプログラミングできます。

効能：疲労、持久力、細胞レベルの記憶、若返り、自暴自棄、あざ、出血、膿疱、心臓と胸部の機能と血流、血液浄化、心拍の安定。

カット、軽くポリッシュされたもの

外観	チャクラ	数字	星座
鮮やかな帯の模様と脈状の縞模様のある、金属性の色の不透明な石。	基底、宝冠、高次の宝冠	9	乙女座

スティヒタイト

特性：真の自己を明らかにし、魂の契約に添って現世を生きるようにします。一人暮らしの人は、ポケットに入れておくと恩恵が得られ、仲間が見つかったり、周囲をなごやかにしたりします。

古来から、クンダリニー・エネルギーが脊柱を登って心臓に向かうのを助けます。頭と意見を開いて柔軟にし、情緒的な気づきを鋭く保ち、感情や深く染み込んだ態度がいかにあなたの幸福に影響を及ぼすかを教えます。もし子供が、さらにいえばあなた自身が、異なる道へ踏み出すために優しい導きを必要としているなら、この石は申し分のない道具となります。また、多動性障害やそれに類した精神的な不調和に苦しんでいるインディゴ・チルドレンにも最適です。

効能：ADHD、肌の弾力性と妊娠線、ヘルニア、歯と歯茎。

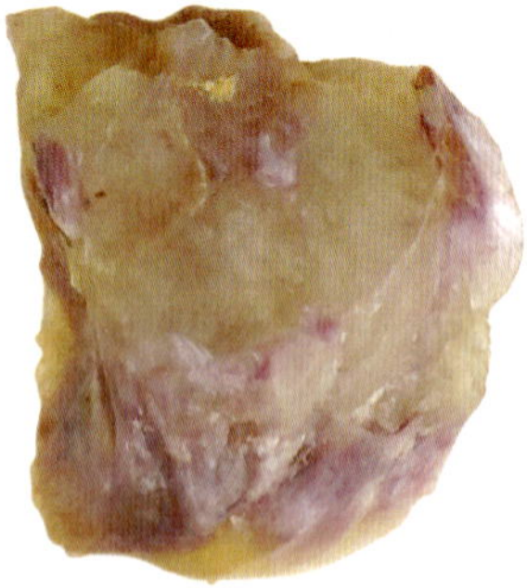

天然の結晶形

外観	チャクラ	数字	星座
ロウのような不透明な層。	大地、基底、心臓。すべてを通ってクンダリニーを上昇させる。	5	乙女座

アトランタサイト

特性：緑のサーペンティンと紫のスティヒタイトのコンビネーションです。緑のサーペンティンは大地とつながる石として、感情のアンバランスを是正し、人生をおさめることへの思いを強め、さらに霊的能力を開花させます。アトランタサイトは、アトランティスの過去世へアクセスし、その当時始まった計画を成し遂げる助けをすると言われています。

その当時、または他のどの時代においても、この石がスピリチュアルな力を誤用する人たちを助け、意思の正しい使い方を教え、霊的な進化を刺激します。

ストレス・レベルを下げ、話す前に考えるようにすすめます。また、環境に大きな平穏をもたらし、地中に埋めれば、死や破滅が存在した土地の浄化とエネルギーの再構築も行えます。子供たちに不適切な行動を改めるように優しく諭すときにも役立ちます。

効能：細胞レベルの記憶、ストレス、血液疾患、低血糖、糖尿病。

タンブル・ストーン

外観	チャクラ
不透明な、はっきりとした2色のコンビネーション。	すべてを浄化する。 特に高次の宝冠、宝冠、 ソーマ、心臓。

ヘミモルファイト

特性：体の波動の上昇と、最高次の霊的レベルや多次元とのコミュニケーションを促します。可能な限り迅速な自己開発を行わせるので、生涯かけて穏やかな道を作ることにはなりません。自己責任の石として、ハイヤー・セルフに結びつけ、自分の幸福や不調和を受け止め、自身で責任を持つように促し、あなたの現実はあなたの思考や態度から生まれてくることを教えます。また、自分の魂の見解と一致しない外的影響を受けたとき、そのせいで堕落する前に気づかせ回避させてくれます。

内なる力を発展させる方法や、最大の可能性を明らかにする方法を示すと同時に、社会的責任感や人類の一部であるという認識をゆっくり浸透させます。計画の進行中、絶えず精力的、献身的に行わせる素晴らしい石で、計画の最後まで見守ってくれます。

情緒不安を徐々におさめ、あらゆるレベルで完全な健康体になるのを助けます。期待や目標が高すぎて成果をあげることができずいつも投げ出してしまう人には、現実的な目標をたて、そこへ到達できるよう後押しします。

人を不愉快にさせる性格を反省し、認めて改め、自分や他者との情緒面でのコミュニケーションにおいて、完全に心を開いて正直でいられるようにします。

ヘミモルファイトのクラスターはそれ自体が美しいだけでなく、特に悪意に満ちた考えから守る場合など、保護の石として使えます。昔はあらゆる種類の毒を中和するために使われていたという説があります。ヘミモルファイトのタンブルは、身につけるか、ヒーリング用の置物として使います。

効能：エネルギー、楽観主義、減量、鎮痛、血液疾患、心臓、細胞レベルの記憶、細胞組織、潰瘍症状、火傷、生殖器ヘルペス、いぼ、下肢静止不能症候群。

外観	チャクラ	数字	星座
極小の透明な針状結晶でうねがある、または母岩上のピラミッド状の結晶、またはブドウ状のクラスト。	高次の心臓、高次の宝冠、太陽神経叢、過去世	4	天秤座

天然の形状

ブドウ状のクラスト

結晶形

ダルメシアン・ストーン

特性：頭を離れて体に気持ちを集めさせる石です。肉体の感覚を魂に知らせ、あなたが人間の旅をしているスピリチュアルな存在であることを思い出させます。グラウンディングとセンタリング（中心を定めること）の力を借りて、肉体を与えられたことを喜んで受け入れさせ、感情を調和します。保護作用があり、危険が近づくと警鐘を鳴らしたり、平静を維持する手助けをしたりすると言われています。

楽しむことが好きな石で、分析が過度になるのを防ぎ、前向きに人生を進むよう後押ししますが、一方で、とりうる行動をよく考え、慎重に計画を立てるようにもします。遊び心を刺激する元気石で、優れた強壮剤にもなります。トルマリンが含まれるため、ネガティヴなエネルギーや時代遅れの行動様式を変えます。長期間ポケットに入れておくとよいでしょう。

効能：動物、スポーツ選手、陰陽のバランスを整える、気分の上昇、悪夢、忠節、軟骨、神経と反射神経、捻挫。

タンブル

外観	チャクラ	数字	星座
斑点のある不透明な石。	基底、仙骨、大地	9	双子座

クリソタイル（クリソタイト、クリソライト）

特性：縞模様のある、ひじょうに美しい石です。古代のユダヤ教大祭司の胸飾りに使われた石の一つと言われています。角度を変えると、太古のメッセージが浮かび上がって見え、それが積年の智恵にあなたを結びつけます。それよりも低いレベルでは、あなたのパワー・アニマルが姿を見せて、具現化してもらうのを待っています。極めてシャーマニックな石として、核となる自己をさらけ出すべく、過去の残骸を取り払います。また、他人を支配しようとすべき場面を示しつつ、自らの運命の舵をとっている間はそれを忘れさせます。

ヒーリングに関しては、胸腺の上に置くと、霊的な計画に働きかけ、肉体の病気として現れるバランスの崩れや滞りを正したり、細胞レベルの記憶を癒したりします。

効能：慢性疲労、空咳、副甲状腺、喉、脳幹、中心を通る経絡、肺気腫、炎症、多発性硬化症。

タンブル

外観	チャクラ	数字	星座
左右対称な丸みで、明暗の縞がある石。	第三の目	8、55	牡牛座

アンモライト

特性：強力なアース・ヒーリングの石で、アンモナイト化石が圧縮され鉱石化して生まれます。きらめく色はアラゴナイトと微量元素から発せられています。調和のとれた石で、太古からの智恵を有し、額の上に当てて、意識の活性化、メタフィジカルな力、次元間の探究を求めました。特にソーマのチャクラの上に置くと効果的です。

一回転して戻ることを象徴し、体の中枢や最終到達点に導きます。自己啓発を活発にすすめ、ネガティヴなエネルギーを、緩やかに流れるポジティヴな渦に変化させます。生存本能を刺激し、持続すれば目標を達成できることを知らせ、記号化されたライフパスを使って進むべき道を示します。

体系や明瞭さを必要とするいかなるものも助け、副交感神経の流れに影響する誕生時のトラウマを緩和するため、あらゆる副交感神経のワークに有用です。カルマを浄化する力が強く、強迫観念から解放してくれます。

風水師はアンモライトを〈七色の繁栄の石〉と呼びます。なぜならこの石は強烈な紅色、燃え立つオレンジ、黄金の琥珀色、鮮やかな緑色、落ち着いた翡翠色、目の醒めるような青色、明るい藤色を見せるからです。風水師は、アンモライトが長い年月かけて宇宙エネルギーを吸収したからこそ体中の気、すなわち生命エネルギーの流れを刺激すると信じています。また、この石に触れた人すべてに幸福をもたらすとも言います。家に一つ持っておけば、富、健康、生命力、幸福な生活がもたらされ、またビジネスにおいては、有益な商取引が進むでしょう。アクセサリーとして身につければ、カリスマ性や官能的な美しさを授けます。

風水では、赤は成長とエネルギーを表し、オレンジは創造性を表してリビドーを増やします。また、緑は智恵と知性と起業家精神、黄色は富、青色は平和と健康を表します。

効能：長寿、クンダリニーの覚醒、細胞レベルの記憶、繁栄、創造性、幸福、スタミナ、活力、健康、心拍の安定、変性疾患、うつ症状、陣痛、再生、骨髄炎、骨炎、耳鳴り、頭蓋と内耳、細胞の代謝、肺、手足。

外観	チャクラ	数字	星座
珪化したアンモナイトの貝殻、あるいは小さく強烈な色の部分。	第三の目、ソーマ	9	水瓶座

ポリッシュ

スライス

アレキサンドライト

特性：守護の石であり、浄化または再生に役立つ石でもあります。長寿と保護を授け、男女のエネルギーを調和させます。想像力を喚起し、内なる声にあなたを適合させます。感情を癒すものとして情緒面の成熟を促し、人生において苦しみを少なく楽しみを多く見いだす術を示します。再生力があるため、誇りや自尊心を回復させ、自己の再生を促します。この石は持つ人の自己を中心に定め、強化し、再調整するのです。意思力や夢を強め、あなたと他者、両方の感情の正確な理解を助けます。昔から宝飾品として使われていますが、定期的な浄化が必要です。

心臓の上あたりに着けると恋愛運がもたらされ、気品と優雅さも備わると、古くから言われています。

効能：再生、神経および腺組織、炎症、脾臓、膵臓、肝臓、男性生殖器、神経組織、首筋のこり、白血病の副作用。

外観	チャクラ	星座	星
光源によって赤または緑に輝く。	下位、心臓	蠍座	冥王星

ジルコン

特性：大昔は、盗難、雷、身体的傷害、病気を防ぐために使われていました。無条件の愛を促し、あなたのスピリチュアルな本質と環境を調和させ、あらゆる肉体のシステムとサトル体を統合します。魂の人生行路や、すべての魂の元となる一つの出所を認識させます。和合の石として、相反するものを一つにし、目的に対するスタミナやねばり強さを浸透させます。また、嫉妬心や所有欲を克服し、古い恋愛を手放すように促します。

明晰な思考力を強化し、重要なことと重要でないことを区別させます。偏見や人種差別を超え、人類の兄弟愛を教え、差別、迫害、同性愛、女性不信の影響を感情体から取りのぞきます。ただし、キュービック・ジルコン（人工）の力はあまり強くはありません。

イエロー・ジルコンは、ビジネスや恋愛での成功を引き寄せ、あなたの性的なエネルギーを強化します。落ち込んだ気分を高揚させ、より機敏にさせます。

グリーン・ジルコンは豊かさを引きつけます。

ブラウン・ジルコンはセンタリングとグラウンディングに最適です。

レッド・ジルコンは体に活力を与えます。とりわけストレスがあるときに有効です。富を築く儀式に力を与えると言われます。

オレンジ・ジルコンは怪我を防ぐので、旅行中の最高のお守りとなります。美しさを高め、嫉妬から守ると言われます。

効能：相乗作用、不変性、座骨神経痛、痙攣、不眠症、うつ状態、骨、筋肉、めまい、肝臓、生理不順。（ペースメーカー使用者やてんかんの持病のある人はジルコンでめまいを起こす可能性があります）

原石

外観	チャクラ	数字	星座	星
ファセットの装飾用の石、あるいは透明で、ダブルピラミッド状の場合が多い。	色に対応して変わる。基底、太陽神経叢、心臓を結びつける。	4	射手座	太陽

ダイオプサイド

特性：知的能力を刺激する分析的な石で、学術的研究や創造的な探究に役立ちます。謙虚さを教え、自分が本当に感じることを尊重し、直観に従うように後押しします。思いやりや謙虚さを持ち、他人の苦しみに心を開き、地球の役に立つように励ましてくれます。

情緒面での効果としては、自分の悲しみを表に出せない人に忘れることや許すことを促し、過度の負担を感じている人には、感謝や生きる喜びを持ちながらいかに人生を生きるかを教えます。

過去にあなたを傷つけた人や物すべてとの和解を手助けし、必要ならば、あなたから最初のアプローチが容易にできるようにしてくれます。

効能：数学、信用、精神状態、細胞レベルの記憶、身体虚弱、酸とアルカリのバランス、炎症、筋肉痛と痙攣、腎臓、心臓、ホルモンバランス、血行、血圧、ストレス。

天然の形状

外観	チャクラ	数字	星座
透明から不透明、濃い色の結晶。	第三の目、ソーマ、心臓	9	獅子座

マーカサイト

特性：メタフィジカルな能力を伸ばし、とりわけ魂の気づきや透視力に及ぼす効果が顕著です。一方、霊的な盾を授けたり、日常的な世界にグランディングを促したりもします。特に、家の浄化や霊体の除去を行う人、しかも早急に浄化すべき人たちの助けとなり、保護もします。また、客観性を高めるので、自分自身あるいは他人への洞察力を得たい時、私心のない見方ができるようにし、自分の成長のために必要なあらゆる修正を自信を持って行えるようにします。

注意力の散漫、混乱した思考、記憶障害に悩んでいるなら、この石が頭を明快にしてくれます。意志力を高めることで、今まで行ったことのない場所へ勇気を持って行けるようにします。獅子座の人に最適な石で、あなたを生き生きと輝かし、スピリチュアルな感覚の欠如に悩んでいる人の力になり真の豊かさを見つけさせます。

効能：陽エネルギー、集中、記憶、ヒステリー、血液の浄化、いぼ、ほくろ、しみ、脾臓。

母岩上の結晶

外観	Chakra	数字	星座
金属性の塊、 または母岩上の小さな結晶。	基底	8	獅子座

コンビネーション・ストーン

エイラット・ストーン

特性：エイラット・ストーンは、マラカイト（ネガティヴなエネルギーを吸収したり、心身の不調和を指摘したりする、変形、保護の石）、ターコイズ（魂に慰めをもたらし、サイキックな才能を開花させる、有能なヒーラーであり保護者でもある浄化の石）、クリソコーラ（変化を受け入れさせる、静かで持久力のある石）、アズライト（スピリチュアルな視野と新しい物の見方の石）とその他の鉱石のコンビネーションで、美しいものを驚きを持って愛でる感性をもたらします。エネルギーを癒し、浄化し、筋道をつけることに優れた万能な石で、とくに胸腺の浄化に効果的です。現世あるいは過去世での、魂を砕く出来事により発生した残骸や毒素を取り除き、痛みや喪失感をなくします。受け入れること、また内なる和解をもたらし、断片の故郷を訪ね、アカシック・レコードを拭き清め、魂と細胞レベルの記憶を再プログラミングします。

問題解決のための智恵と創造的な解決策を提供するため、「賢者の石」として知られており、陰陽のバランスを整え、存在を重みから解放します。情緒的な人生を調和すると同時に刺激するため、決して退屈させず、必ず創造性が喚起されます。ソウル・パートナー同士のテレパシーも促しますが、そのためには石が2個必要となります。

効能：心身の不調和、近親相姦の影響、レイプ、肉体的暴力、女性不信、性的抑圧、放射線関連の病気、恐怖心、再統合、熱、痛み、うつ症状、細胞レベルの記憶、骨と組織の再生、経絡の強化、副鼻腔、細胞成長率の修正、腫瘍、肝臓、生理痛。

外観	チャクラ	数字	星座
斑紋のある不透明な石。	高次の心臓、心臓、喉。すべてを浄化し、バランスを整える。	3	射手座

ポリッシュ

原石

スギライトを伴うバスタマイト

特性：偏頭痛をはじめとする頭痛を解消するのに最適です。特に未使用のサイキックな能力が原因のものに効果的で、グラウンディングしたまま、天と地につながりながら、精神的または霊的な気づきを高めます。直観を開き、自己の声に耳を傾ける能力を向上させます。

スギライトの成分は、繊細な人が自分の存在の核を育むためにスピリチュアルなつながりを持ち続けながら、地球環境に存在することに適応させますが、順応できないと感じたり、何かしら孤立している人すべてに最適な石でもあります。同好の魂を引き合わせ、さらに多くの愛情を地球に向けるようにプログラミングできます。

効能：偏頭痛、失読症、細胞レベルの記憶、てんかん、統合失調症、妄想症。

タンブル

外観	チャクラ
不透明で斑紋のある石。	第三の目、ソーマ

シャッタカイトを伴うアホイト

特性：すばらしいエネルギー路を持つこのコンビネーションは、電磁スモッグやサイキック・アタックから強力に守ります。オーラのまわりに保護する覆いを作り、あなたがどこにいても守ってくれるので、霊的に開いたままの状態でいることができます。

ストレスを抱えているときには、この石を身につけると、深い部分での平和を経験でき、自分自身の中で中心を定めていられます（71頁アホイトを参照）。

カルマについて、償い、和解、修復の過程を支え、その行為が霊的な進化の障壁となる場合にはその必要性をなくします。過去世の屈辱に乗じるささいな繰り越しに対して特に効果があります。また、贖罪(atonement)と、一つになることで罪を償い和解がもたらされること(at-onement)との違いを教え、恵みのカルマが働くための道を開きます。

効能：細胞レベルの記憶、ストレス性疾患、腸閉塞、便秘。

原石

外観	チャクラ
クォーツと小片を伴った斑紋のあるターコイズ。	高次の心臓、第三の目

フェナサイトを伴うレッド・フェルドスパー

特性：きわめて霊的な石で、自己の気づきと、無条件に自分自身を愛する力を高めます。ひじょうに高次の波動を有し、アカシック・レコードやスピリチュアル・マスターとつながりを持ちます。フェナサイトはエーテル体を浄化する道具となり、次元間の旅を助けます。このコンビネーションは、霊的な洞察力をグラウンディングして肉体に表すように、あなたの現実を変える鍵となります。この石の精神は喜びにあふれ、霊的な進化と地球上での人生のどちらについても深刻になりすぎる必要はないということ、成長は楽しくあるべきだということを思い出させます。また、あなたを夢の中へ招き入れ、進むにつれてより深い暗示を示し、実りある結果をもたらすべく夢にあらためて作用します。

フェルドスパーの成分は、過去、とりわけ過去世から染みついた精神的および霊的なパターンから解放する時、細胞レベルの記憶を再プログラミングする時に効果を発揮します。また、フェナサイトの持つ力をいっそう強めもします。

効能：無条件の愛、屈辱の克服、霊的な計画のたて直し、細胞レベルの記憶、皮膚、筋肉障害。

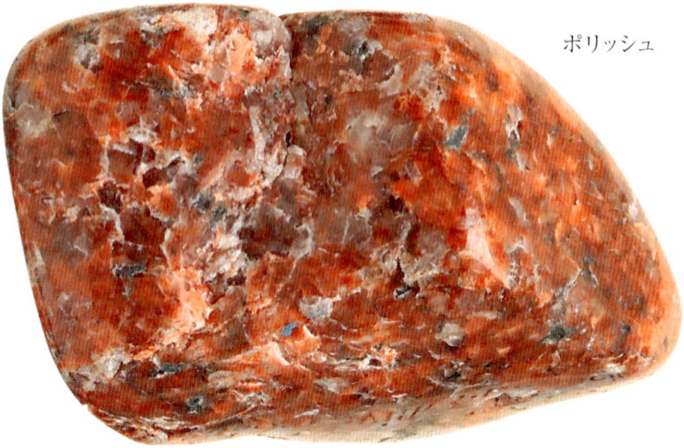

ポリッシュ

外観	チャクラ
不透明な石に、透明なインクルージョンと結晶を伴う。	第三の目、高次の心臓、高次の宝冠

ヘマタイトを伴うルチル

特性：心身の不調和の原因を見抜く洞察力に、ルチル（97頁参照）の持つ浄化の働きと、ヘマタイトのグラウンディングおよび活性化機能を併せ持つ石です。強力に保護し再生する能力があり、和解や相対するものの和合を促します。人生においてバランスを必要とすることは何にでも役立ちます。特に、深いカルマと魂の浄化、細胞レベルの記憶の修復、人間関係を支えます。

ソーマのチャクラに置くと、二元性または不一致を超越した真の自己にあなたを調和させ、ばらばらになった魂の断片を呼び集めて完全なものにまとめあげます。深い多次元ヒーリングをもたらし、チャクラを最高位まで浄化し開き、宇宙で最も精緻な波動と深く結びつけます。スピリチュアルな自己と一個人としての自己を認識し調和させるためには、ソーマのチャクラに置くのが最も効果的です。

天然の形状

外観	チャクラ	星座
美しい銀色および金色の不透明な石。	過去世、ソーマ	天秤座

スーパー・セブン(メロディー・ストーン)

特性：保護作用のあるアメジスト、スモーキー・クォーツ、浄化作用のあるクォーツとルチル(97頁参照)、ゲーサイト(123頁参照)、レピドクロサイト(126頁参照)、カコクセナイト(127頁参照)のコンビネーションです。発見者、メロディー(発見者にちなんだ名前で呼ばれることもあります)の報告によれば、今までに発見されたクリスタルの中で最高次の波動を持ち、輝くスーパー・セブンは類を見ない明瞭さを備えるスピリチュアル発電所といえます。地球と地球上のあらゆるものの波動レベルを変えることによって、水瓶座時代への先導役を務め、光り輝く未来をもたらすようにプログラミングできます。

スーパー・セブンの多くが霊的な存在を内在し、その存在が直観と導きの最高次の源とつながっています。この石を使っての瞑想は至福をもたらし、遠隔ヒーリングのために花のエッセンスを運ぶようプログラミングできます。

落ち着かせ、育む力に優れ、スピリチュアルなすべての才能を開花させ、あらゆる種類のメタフィジカルなワークを向上させます。浄化や活性化をまったく必要とせず、近くにある他のクリスタルすべての波動を支え高めます。すべてのチャクラとオーラ体を浄化し、バランスを整え、エネルギーを与え、最も緻密な霊的波動に調和させます。

肉体的、知的、霊的な不調和を癒す時や、魂を神聖なるものとの交信に戻す時に強い影響力を持ちます。最も小さなスーパー・セブンでも、7種全部の鉱物が存在しているか否かに関係なく、全体的な波動を持ち、私たちも、人類の兄弟愛を超越した〈全体〉の一部であることを思い出させてくれます。

最近は、セルフヒーリングやスピリチュアルな現実を開く時にきわめて強い力を発揮する小さなポイントが手に入ります。このようなポイントは、停滞したエネルギーを体外に引き出したり、不穏な土地や共同体のエネルギーを持つ場所にグリッドとしても使えます。とりわけ、テロ行為や人種問題による不安がある地域に有益です。この石が、平和や共同社会における安全と互いにつながりあっているという感覚を徐々に浸透させていくからです。

効能：体の調和、細胞レベルの記憶、免疫システム、地球のグリッドを癒す、自然治癒機能を刺激する、皮膚、骨。

外観	チャクラ	星座
透明から不透明の渦巻き状の結晶。数色が見える。	すべてを 調和させる。	すべてを 統合する。

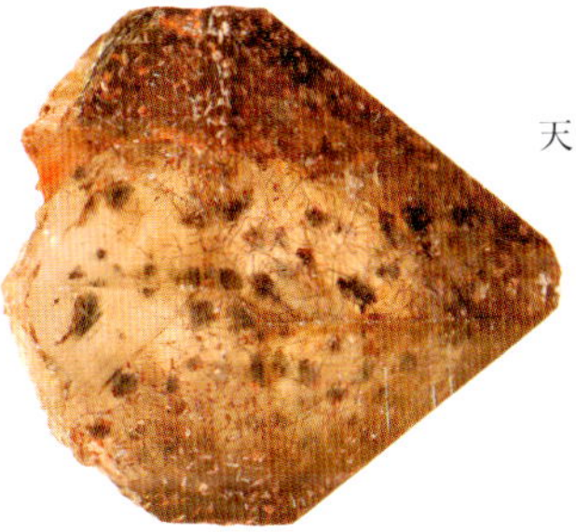
天然のポイント

ポリッシュ、スライス

原石

用語解説

アース・ヒーリング　汚染や破壊によって、地球のエネルギー・フィールドに起きたゆがみを修正すること。

アカシック・レコード　時空を超えて存在する記録。これまで起こったこと、これから起こることのすべての情報が含まれている。

アストラル体プロジェクション　魂は肉体を離れて遠い場所へ旅することができる。体外離脱体験、魂の旅とも言われる。

アセンション・プロセス　地球上の人々が霊的かつ肉体的な波動を高める手段。

アセンデッド・マスター　高次に達するまで進化した霊的な存在。地球の霊的進化を導く。

家の浄化　家から、取りついている存在とネガティヴなエネルギーを取り除く。

インクルージョン　クリスタルの中に鉱床が入っていること。

インディゴ・チルドレン　すでに地上に住む人たちのもとへ、ひじょうに高次の波動を持って生まれてきた子供たち。現在の地球の波動に適応するのが困難である場合が多い。

インナー・チャイルド　子供らしさ（幼稚さではない）と純真さの残る、人格の一部。癒しを必要とする虐待とトラウマを抱えている場合がある。

植えつけ　異星の生物からエネルギーや装置を植えつけられるとの考えもあるが、現世や、過去世における外的な原因により、思考や滞り、傷跡などを植えつけられることもある。

内なるレベル　直観、霊的な気づき、情緒、感情、潜在意識、微細なエネルギーを内包するレベル。

宇宙の意識　すべては宇宙エネルギーの部分であるという、高次な気づきの状態。

エーテル体　肉体のまわりにある微細な生物磁気の覆い。

NLP（神経言語プログラミング）　催眠療法によって心や行動を再プログラミングするシステム。

エネルギーの植えつけ　思考やネガティヴな感情が、外部の原因によってサトル体に植えつけられていること。

オーラ　肉体のまわりにある生体磁気の覆い。肉体、感情体、メンタル体、サトル体を包む、エーテル体。

カルマ　過去や現在に肉体を持った時に生じる、経験や続行中の課題。罪などによる、負い目、信念、感情が現世に持ち込まれ、不調和を生むが、過去世の信頼や智恵があれば癒すことができる。

感情的な計画　微細なエネルギー・フィールドが、過去と現世の感情的な経験や態度について記されている。それらは、現世に影響を及ぼし、心身の不調和を引き起こすことがある。

気　肉体とサトル体に流れ込み、満たす、生命エネルギー。

キリスト意識　宇宙のすべての命あるものは、宇宙の愛と気づき、つまりは神聖なるエネルギーの高次の現れとつながっているという状態。

苦行　多くの修道会や宗教的な人々が、むち打ちや、ヘアシャツを着るなどして、肉体、エゴ、魂を制して、欲望と煩悩を静めるために行う。このような行いが、現世において自分自身または他者によって、心理的な苦行や辱めとなったり、引き寄せたりする。

クンダリニー　スピリチュアルで性的な、内なる微細な創造エネルギー。脊柱の基底部にあるが、刺激を受けると宝冠のチャクラまで上る。

グラウンディング　魂、肉体、大地（地球）の間に強いつながりを持たせること。

グリッド　エネルギーを高める、あるいは守る目的で、建物、人、場所のまわりにクリスタルを置く。グリッドの位置はダウジングで調べるのがよい。

経絡　肌の表面近くを通る微細なエネルギーの通路で、ツボを含む。地球にもある。

サイキック・アタック　邪悪な思考や感情が、意識してか、無意識かにかかわらず、他者に向けられる。それによって、向けられた人の不調和と破壊を招く。

サイキック・バンパイア　他人のエネルギーを抜き取る、あるいは吸収して“栄養”とする能力。

細胞レベルの記憶　細胞が、過去世や先祖の姿勢、トラウマ、続行中のネガティヴな計画として深く染み込んだパターンの記憶を持ち運んでいる。たとえば、苦行、貧窮意識などで、これが不調の原因となったり、現在では少し形を変えながら繰り返されたりする。

サトル体　肉体のまわりを包む生物磁気の層。

三焦経　体温調節に関わる経絡の一つ。

シルバー・コード　肉体とエーテル体を結ぶ微細な糸。肉体の第三の目から、エーテル体の後頭をつなぐ。

神霊　自然の精霊。昔から、木、川、山を司ると信じられてきた。

心霊体（取りつく存在）　肉体のない魂。大地の近くをさまよい、肉体を持つものに取りつくことがある。

心霊体の除去　取りつく存在を離し、適切な死後の場所へ送り込むプロセス。

ジオード　洞窟のようなクリスタルで、エネルギーを保存し、活用する。

ジオパシック・ストレス　地下水脈、鉱脈などによるエネルギーの乱れが引き起こす地球のストレス。

自己　自己には、肉体を持った人としての自己と、肉体を持たないハイヤー・セルフ（すべての自己の中の最高次の波動）の両方が含まれる。ハイヤー・セルフは、人としての自分自身に影響を与え、コミュニケートする。自己は魂の一部でもある。

水晶占い　過去、現在、未来に関係する像を、クリスタルの中に見いだすこと。

スター・ピープル　他の星のシステムから来た進化した存在。地球で肉体を持ち、霊的進化を助ける。

スピリット・ガイド　肉体を持たないもの。世と世の間から働きかけ、地球上の人々を助ける。

精神的な影響　他者の思考や強い意見が、あなたの精神に与える影響。

先祖伝来　家族特有の行動様式や信念が前の世代から順に伝わってくること。

ソウルメイト　ソウルメイトは理想的な"伴侶"とも言え、すべてのレベルにおいて調和している魂のパートナー。しかし、ソウルメイトは対処すべきカルマや困難な課題を負っていることが多い。ソウルメイト同士の関係は、一生涯続かないものもあり、また必ずしも性的なパートナーであるとは限らない。

多色性　角度を変えるか、明かりで照らすと、二色以上に見えるクリスタル。

多次元ヒーリング　あらゆるレベルで起こる癒し。肉体レベルに留まらず、細胞レベルにはじまり、神経、霊的、感情的、精神的、先祖伝来の、カルマの、スピリチュアルな、ハイヤー・スピリチュアルな、惑星・恒星の、地球上・地球外のレベルを含む。時間の流れにそって移動し、体、地球、宇宙の霊的な計画に働きかけ、総合的なバランスと、完全性を作る。

旅　体から出て、スピリチュアルな世界やその他の世界を旅すること。

魂　永遠の精神を運ぶ乗り物。魂の部分は、現在肉体を持っていない魂の部分であり、魂の断片（魂の回復を参照）を含む。

魂の回復　トラウマ、ショック、虐待、また極度の喜びなどが、魂のエネルギーの一部を追い出し、人生のある場所で、また過去世の死んだ時点で、魂を停滞させたままにすることがある。魂の回復をするプラクティショナーやシャーマンは、問いただすために魂を現世の体に戻し、回復を促す。

魂の解放　魂は地球近くで捕われることがあるが、魂の解放で、故郷に送ることができる。

魂のグループ　ずっと共に旅して来た魂の集団。全部の魂が肉体を持っている場合と、いくつかだけが持っている場合がある。

魂のつながり　魂のグループのメンバーのつながり。

地球のグリッド　地球エネルギーの微細で目に見えない線。クモの巣のように地球を覆っている。

チャクラ　肉体とサトル体の間のエネルギーをつなぐポイント。透視力を持つ目には、エネルギーが渦巻いて見える。チャクラの機能不全が肉体的、感情的、精神的、霊的な不調和と障害を引き起こす。

チャネリング　肉体を持たない魂から地球上の肉体を持つ存在へ、情報を伝達するプロセス。

ツインフレーム　カルマを負っていないソウルメイト。現世において、無償で、互いに支えあい、高めあい、愛しあおうとする相手。スピリチュアルなツインフレームは、多くの過去世でも、一緒にいた場合が多い。

天使の領域　天使がいるエネルギー・レベル。

電磁スモッグ　送電線や電気機器から発せられる、微細だが検出可能な電磁フィールド。地球上の敏感な人には悪影響を及ぼす可能性がある。

投影　他人の中に見つけ、嫌う、受け入れがたい性格は、自分の性格の一部でもある。

透視力　物事を見分け、魂とコミュニケーションする能力。

透聴力　霊的な耳で、肉体の耳には聞こえない音を聞く力。

取りつく存在　生きている人のオーラに取りつく、霊の形状。

ネガティヴな感情の計画　義務、「しなければならない」、罪悪感などの感情が、子供時代、あるいは他の世で染みつき、潜在意識に残り、現在の行動に影響を与えていること。解放するまで、発展しようとする努力を妨げる。

微細なエネルギー・フィールド　目に見えないが、存在が認められるエネルギーの場で、すべての生き物のまわりにある。

不調和　肉体のバランスの崩れ、滞りのある感情、抑圧された情緒、ネガティヴな思考など。修正できなければ、病気を引き起こす。

冥界への案内役　原語（psychopomp）は死の過程において魂を別世界へ送るという意味のギリシャ語。生きている人の場合と霊的な存在の場合がある。

恵みのカルマ　十分なことがなされたとき、あるいはこれ以上すべきことがないとき、カルマが解放され、もう悪影響を及ばさなくなる。

メタフィジカルな能力　透視力、テレパシー、ヒーリングなどの能力。

世と世の間の状態　魂が次に肉体を持つまでの間の振動する状態。

リフレイミング（再構成）　過去の出来事に、違った角度から、ポジティヴな光を当てて見ることで、その出来事が生み出す状況を癒すことができる。

レイキ　手で触れる、自然なヒーリング法。

霊的な計画　肉体が作られる計画で、過去世の不調和やけがについて記されている。それが原因で、現世の病気や不調が起こる。

レムリア　アトランティス以前に存在したとされる古代文明。

索引

あ

RNA/DNA　99
愛　164
アカシック・レコード　39, 56, 62, 83, 142, 160, 164
あがり症　138
悪夢　152
顎の痛み　100
脚　124
足　124
アストラル体の旅　101
アストラル体プロジェクション　18
アスベストが関係した癌　116
アセンション　18
頭　142
新しい石　8, 11
アナフィラキシー・ショック　37
争いの解決　19
アルカリ過多　98, 108
アレルギー　37
安全　78
安定　31
胃　101, 109, 111
家の浄化　67, 147, 159
胃潰瘍　35
怒り　61, 118
胃酸過多　92, 122
意識を高める　20, 40, 88, 126, 128, 142, 150
依存・共依存　39, 62
痛み　23, 31, 73, 76, 81, 87, 100, 113, 124, 150, 154, 160
射手座　18, 61, 83, 102, 104, 126, 127, 136, 140, 142, 146, 157, 160, 166
遺伝的障害　111
移動性　83
いぼ　105, 150, 159
インシュリン調節　55, 104
インナー・チャイルド　38, 58, 141, 144
インフルエンザ　77, 127
陰陽　18, 68, 152
ウィルス感染　77
ウェイト・トレーニング　123
植えつけ　58, 63
魚座　18, 20, 33, 40, 45, 50, 51, 52, 53, 63, 95, 112, 122, 125, 130, 142, 145, 166
内気　109, 138
内なる安全　99
うつ症状　33, 35, 44, 79, 105, 138, 142, 154, 157, 160
裏切り　64
運転能力　69
ADHD　148
栄養失調　136
エネルギー　55, 98, 99, 115, 118, 150, 154
遠隔ヒーリング　81
炎症　33, 35, 74, 99, 153, 156, 158
オーラ　19, 39, 41, 58, 62, 67, 69, 70, 72, 86, 104, 108, 114, 125, 126, 132, 164, 166
オーラ体　18
オーラのヒーリング　62
牡牛座　18, 44, 55, 66, 89, 97, 102, 111, 135, 143, 153, 166
黄疸　96
嘔吐　138
黄斑変性　69
落ち着き　142
乙女座　18, 33, 39, 71, 90, 96, 118, 128, 147, 148, 158, 166
牡羊座　18, 24, 25, 58, 90, 106, 123, 166
思いやり　71

か

潰瘍症状　150
回復期　33, 65, 73
開放性　117
化学療法　51, 108
過去世　18, 20, 39, 40, 47, 48, 52, 53, 54, 56, 58, 60, 62, 74, 77, 79, 82, 83, 85, 88, 89, 90, 97
過去世ヒーリング　142
下肢静止不能症候群　143, 150
風邪　74, 77, 105, 127
家族の神話　77
肩　143
悲しみ　66
蟹座　18, 69, 74, 81, 84, 85, 91, 92, 107, 112, 130, 166
過敏症　138
過敏性腸症候群　113
体の調和　166
カリウム　92
カルシウム　96, 124, 137, 143
カルマ　過去世を参照
環境による病気　65, 70
環境のヒーリング　11, 19, 21, 41, 42, 46, 58, 78, 80, 86, 90, 105, 141, 149, 154, 166
感情　34, 71
感情的成熟　81
感情的トラウマ　119, 135
感情的抑圧　79
関節　85, 110, 137
関節炎　99
乾癬　95
感染　99, 108, 114
肝臓　33, 83, 96, 116, 119, 126, 132, 146, 156, 157, 160
官能性　79
ガイドとのコンタクト　56
癌　33, 116, 140
頑固　138
記憶　80, 109, 132, 159
気温の変化　109
気管支炎　97, 99
傷跡　81
絆／関係を絶つ　48, 54, 79, 104, 105, 138
季節性情緒障害　102
気分の上昇　152
客観性　77
境界　109
胸腺　66, 90
強迫障害　18, 26, 105
恐怖　76, 127, 138, 160
恐怖症　89, 138
筋骨格系　96
近親相姦　160
金属　36
筋肉　25, 35, 86, 90, 124, 125, 128, 156, 157, 158, 164
儀式　18
口　140
屈辱　164
首　156
クリスタルの活性化　10-11
クリスタルの浄化　10
クリスタルの使い方　8, 10_12
クリスタルの保管方法　11
クンダリニー・エネルギー　154

グラウンディング　68, 78, 80, 94, 96, 134
グループワーク　18
計画　18, 39, 43, 47, 56, 62, 63, 86, 105, 119, 153, 164
経絡　39, 62, 104, 114, 124, 130, 153, 160
痙攣　26, 68, 138, 141, 157, 158
血管　25, 61, 97
血球　68
結腸の水治療　113
血糖値　36
血圧　33, 158
血液　80, 94, 102, 137, 147, 149, 150, 159
血流　25, 44, 83, 115, 147
健康　154
芸術表現　79
月経　112, 120, 157, 160
月経過多　123
月経前症候群　74, 117
解毒　18, 23, 36, 44, 65, 74, 79, 86, 95, 109, 113, 131, 140
下痢　122, 138
幻覚　74
虹彩　126
虹彩炎　132
高所病　34
高次の波動を持つ石　14
甲状腺　66, 119, 146
硬直　101
喉頭　66
更年期障害　110, 112
幸福　154
公平　92
呼吸疾患　127, 131
骨折　31, 38, 128, 146
骨炎　154
骨髄炎　154
孤独　81
コミュニケーション　45, 64, 65, 89, 90, 95, 109, 123, 128, 140, 141
混乱　109

さ

サイキック・アタック　54, 96, 98, 125, 130
細菌感染　66, 78
再構成　52
再生　18, 52, 68, 71, 92, 137, 140, 154, 156
再統合　160
再発した病　137
細胞障害　114, 127, 160
細胞組織　92, 105, 150
細胞の再生　45, 97, 117, 126
細胞の代謝　154
細胞ヒーリング　52
細胞膜　110
細胞レベルの記憶　11, 18, 26, 31, 38, 39, 41, 48, 51, 52, 53, 55, 56, 62, 65, 66, 69, 71, 76, 77, 79, 83, 85, 89, 90, 92, 97, 99, 101, 102, 104, 105, 106, 107, 111, 113, 114, 115, 119, 124, 125, 127, 131, 132, 136, 137, 138, 140, 141, 142, 143, 146, 147, 149, 150, 153, 154, 158, 160, 162, 163, 164, 166
細絡　99
蠍座　18, 21, 31, 42, 46, 47, 48, 54, 60, 79, 100, 101, 105, 112, 116, 117, 120, 129, 156, 166
酸素供給　79, 80, 100
酸とアルカリのバランス　158
罪悪感　76, 118
坐骨神経痛　157
死18, 20, 42, 46
視覚　33, 89, 109
刺激過度　44
仕事中毒　142
獅子座　18, 19, 37, 41, 43, 47, 59, 74, 98, 138, 159, 166
歯周病　24
思春期　110
視神経　118
失禁　143
湿気　77
湿疹　74
嫉妬　118
失読症　143, 162
失望　140
歯肉　74, 148
脂肪　117
しみ　159
シャーマニック・ワーク　50, 60, 69, 112, 121, 134, 153
集中　106, 159
守護　19, 20, 21, 46, 54, 64, 68, 70, 72, 76, 78, 79, 92, 94, 96, 97, 98, 104, 116, 122, 124, 130, 136, 137, 160
出血　147
腫瘍　37, 74, 99, 114, 126, 129, 160
消化　74, 76, 96, 111, 140
消化管　123
消化不良　122
傷心　81
焦点　109
消耗性疾患　138
食道　66, 101, 123
食欲不振　126
神経系　70, 79, 104, 119, 124, 125, 136, 142, 152, 156
神経組織　156
心血管障害　110
心身の不調和　55, 97, 160, 165
心臓　34, 49, 64, 90, 102, 107, 124, 127, 132, 150, 158
心臓と胸部の機能　147
身体虚弱　158
診断　59, 66, 108
新陳代謝　33, 36, 61, 89, 92, 102, 125, 131
心的浄化　86
信頼　142, 158
心霊体（取りつく存在）　48, 130
ジェム・エリキシル　15
ジオパシック・ストレス　102, 141
持久力　119, 147, 154
自己認識　99
自信　118
自制心　138
自尊心　77, 99, 125, 137
自暴自棄　64
術後の回復　143
授乳　97, 112
循環　33, 37, 68, 74, 79, 100, 124, 158
浄化　88, 96, 137
上下相互のやりとり　57
情緒的な知識　81
情緒不安定　31
上半身　44, 74
静脈　91, 123, 143
静脈瘤　143

女性聖職者　63, 84
女性不信　160
腎臓　66, 68, 76, 83, 95, 102, 104, 116, 137, 142, 158
靭帯　128
陣痛　154
衰弱　51
膵臓　33, 38, 124, 156
水分バランス　66, 77
水分保持　90, 91, 124, 131
数学　158
ストレス　35, 71, 74, 76, 80, 104, 111, 116, 124, 127, 138, 149, 158, 163
スポーツ選手　152
スランプ　108
頭痛　55, 104, 111, 124, 138
生気回復　24
性機能　79, 120, 140
制限　64
生殖　18, 79, 112
生殖器官　74, 86, 91, 117, 126, 156
精神状態　158
精神的執着　60, 70, 72, 85, 104, 125, 154
誠実さ　125
成長　83, 102
性の混乱　43
生命力　25, 51, 109, 132, 154
精力　25
咳　153
脊柱　85, 132
石灰化　92
摂食障害　26, 39, 62, 69, 136
セルフ・イメージ　55
セルフヒーリング　11, 102, 166
繊維筋痛症　33
腺組織　107, 156
先祖から伝わる　21, 23, 77, 106
疝痛　138
絶望感, 自暴自棄　65, 147
喘息　65
前立腺　124
双極性障害(躁鬱病)　65, 131
相乗作用　157
創造性　77, 89, 140, 154
想像力　77
ソウルメイト　118, 138, 145
早漏　97
疎外感　64
組織の再生　68, 76, 104, 160
憎悪　118

た

退行性疾患(変性疾患)　91, 104, 154
代謝エネルギー　51, 65
体重　36, 83, 150
多次元ヒーリング　8, 20, 21, 22, 45, 51, 53, 63, 66, 79, 82, 114, 130, 142, 165
正しい行動　90
多発性硬化症　153
旅　50, 56, 66, 67, 68, 74, 90, 93, 109, 121, 128, 137
魂　20, 21, 40, 48, 51, 52, 63, 67, 77, 85, 112, 141, 148, 160
魂のグループ　60, 118
誕生　84, 140, 154
誕生前　63
胆石　76
胆嚢　119
ダウジング　12
脱水　96, 114, 119
打撲傷　73, 108, 147
男性エネルギー　98
地球のグリッド　166
チック　26
チャクラ　13
注意欠陥障害　33
中心を定める　39, 62
忠誠　109
忠節　152
中毒症状　26, 109
腸　102, 113, 117, 131, 163
聴覚　56, 142
長寿　154
直感　104
沈着　124
ツインフレーム　141
爪　124
手足　154
低血糖　106, 149
鉄　89, 96, 98, 132
てんかん　117, 123, 138, 162
天候　145
天秤座　18, 31, 38, 46, 49, 64, 66, 110, 112, 121, 124, 142, 150, 165, 166
DNA　76, 99, 137
電磁波ストレス　19, 40, 42, 94, 105, 163
トゥーレット症候群　26
統合失調症　162
透視力　26, 159
透聴力　56, 65
糖尿病　33, 38, 106, 149
閉じ込められた感情　66
留め金　120
動悸　138
洞察力　99
動物　152
動脈　91
毒　74, 85

な

内臓　74, 91
内分泌系　44, 61, 107
内面の調和　31
軟骨　152
日光過敏症　146
尿路　33
忍耐　18, 74, 138
忍耐力　96
寝汗　66, 112
ネガティヴなもの　11, 42, 54, 65, 66, 68, 69, 78, 113, 154
粘り強さ　25
粘液　88, 95
捻挫　73, 152
脳　50, 53, 66, 79, 99, 104, 119
脳下垂体　146
脳幹　153
脳細胞　52
脳波　18, 45, 118
のう胞　31, 74, 147
能率　96
喉　35, 44, 61, 66, 86, 107, 109, 123, 137, 140, 142

は

歯　100, 137, 148
肺　34, 66, 90, 107, 124, 127, 154
肺炎　33
肺気腫　153
排泄　76, 99

吐き気　138
白内障　143
白血球数　115
白血病　156
発熱　88, 96, 99, 160
波動　14
鼻　123, 140
鍼／指圧　69, 117, 130
腫れ　92
繁栄　154
反射神経　152
パーキンソン病　90, 104
パニック　65, 89, 138
ヒーリング（癒し）　8, 11_12, 18, 51, 76, 79, 118, 127, 135, 137 オーラのヒーリング, 細胞ヒーリング, 環境のヒーリング, 多次元ヒーリング, 過去世ヒーリング, セルフヒーリングを参照
被害者　73, 84, 119
ヒステリー　159
脾臓　33, 44, 61, 124, 156, 159
悲嘆　73, 81
泌尿生殖系　86
皮膚　18, 74, 76, 79, 102, 105, 119, 124, 131, 142, 148, 164, 166
皮膚炎　115
皮膚結核　33, 64
肥満　136
日焼け　35, 138
疲労　89, 147
貧血　94, 123
鼻炎　66
ビタミン　128
不安感　38, 49, 61, 68, 131, 140, 142
不感症　97
副甲状腺　86, 153
副腎　86, 119
腹痛　76
副鼻腔　140, 160
双子座　18, 23, 97, 119, 142, 144, 146, 152, 166
不妊症　120
不変性　157
不眠症　33, 66, 68, 74, 76, 91, 104, 138, 157
フリー・ラジカル　132
不和　18
分泌作用　136
プログラミングの石　10, 18, 20, 23, 38, 40, 73, 83, 92, 107
平穏　71
平和　92
ヘモグロビン　94
ヘルニア　148
ヘルペス　37, 95, 150
変化104
偏頭痛　33, 162
便秘　163
放射線損傷　51, 129, 160
法律問題　25
ほくろ　105
星　27, 28
発作　110
骨　38, 125, 143, 157, 160, 166
ホルモン系　36, 117, 127, 136, 158
妨害　108, 143
膀胱　66, 95, 137
暴力　160
勃起不全　97, 120
ポジティヴな行動　25

ま

抹消循環　37
慢性症状　12
慢性疲労　36, 65, 109, 153
満足　131
ミステリーサークル　132
自ら課した制限　24
水瓶座　18, 26, 27, 30, 61, 94, 108, 109, 115, 137, 154, 166
ミネラルの吸収　33
耳　38, 123, 140, 154
耳鳴り　137, 154
脈拍　128, 137, 147, 154
未来　67
無オルガスム症　97, 120
無気力　24
むくみ　74
胸　79, 142
胸やけ　122
夢遊病　91
目　26, 66, 70, 88, 91, 104, 132, 137, 140
冥界　21, 48, 84
明快　77, 138
冥界への案内役　21
瞑想　56
メタフィジカルな能力　18
めまい　157
免疫システム　12, 33, 44, 51, 66, 74, 78, 100, 108, 116, 119, 125, 146, 166
妄想症　162
毛髪　89, 99, 124, 142

や

山羊座　18, 62, 99, 101, 114, 116, 132, 141, 166
約束　122, 138
火傷　66, 150
指で行うダウジング　12
夢　18, 72, 117, 119, 132, 136, 156, 164
許し　71, 118
陽　159
養育　81
様式を解き放つ　56
妖精の王国　23
腰痛　31

ら

楽観主義　150
卵巣の痛み　87
緑内障　33, 143
リンパ系　74, 89, 146
霊感　117
レイキ　38, 67
霊的進化　52
レイノー病　37, 141
レイプ　160

わ

ワイズ・ウーマン　60, 77, 110, 112
若返り　147

ジュディ・ホールの本

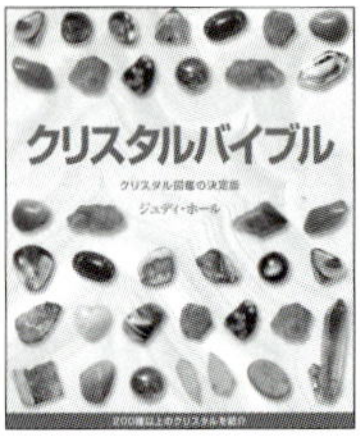

本体価格2,600円

クリスタルバイブル

クリスタル図鑑の決定版

ジュディ・ホール 著

クリスタルの形や色、使用法を紹介した美しい写真入りの総合的なガイドブック。アルファベット順の図鑑形式により二百種類以上のクリスタルについてすぐに調べることができる。

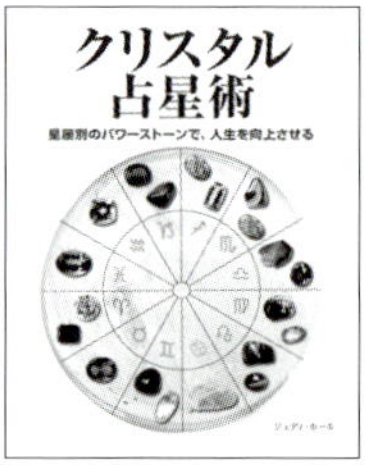

本体価格2,400円

クリスタル占星術

星座別のパワーストーンで、人生を向上させる

ジュディ・ホール 著

誕生石は、持ち主に幸運や富、守護、叡智をもたらすものとして、昔から用いられてきた。本書を読めば、あなたの星座とクリスタルの密接な関係に気づかされ、さらに効果的に用いることができる。

本体価格2,300円

クリスタルを活かす

クリスタルの効能・魔力のすべてがわかるガイドブック

ジュディ・ホール 著

パワーを秘めたこの美しい石を使って、自分の過去、現在、そして未来について知る方法は？ ソウルメートを引き寄せる方法や、住まいを守る使い方は？ 本書では、こうしたクリスタルの使い方と用途について詳しく紹介。

本体価格1,600円

前世（カルマ）占星術

あなたの前世と出生図を読み解き“今”と未来に生かす

ジュディ・ホール 著
鏡リュウジ 日本語版監修

カルマはヒンズー教の概念で成長や進化を助長する教えといえる。本書ではカルマの視点から出世図の読み取り方を説明、現世においてのあなたの可能性を最大限に開花させるためには何が必要なのかを明らかにする。

New Crystals and healing stones

新しく見つかったクリスタル&癒しの石

発　　行　2007年8月20日
本体価格　2,400円
発 行 者　平野　陽三
発 行 所　産調出版株式会社
〒169-0074 東京都新宿区北新宿3-14-8
TEL.03(3363)9221　FAX.03(3366)3503
http://www.gaiajapan.co.jp

ISBN978-4-88282-625-5 C0076

First published in Great Britain in 2006 by
Godsfield Press, a division of Octopus Publishing Group Ltd
2–4 Heron Quays, London E14 4JP

Printed and bound in China

著　者：ジュディ・ホール（Judy Hall）
クリスタル・ヒーリング30年の経験をもち、占星術の専門家でもある。『クリスタルを活かす』、『クリスタルバイブル』、『クリスタル占星術』『前世（カルマ）占星術』（いずれも産調出版）など著書多数。

翻訳者：藤本 知代子（ふじもと ちよこ）
大阪市立大学文学部卒業。訳書に『オーラ活用ガイド』『アーユルヴェーダ式ヘッドマッサージ』『チャクラヒーリング』（いずれも産調出版）など。